Thomas Köhler

Der Charme des Todes

wissen & leben
Schattauer

herausgegeben von Wulf Bertram

Wulf Bertram, Dipl.-Psych. Dr. med, geb. in Soest/Westfalen, Studium der Psychologie, Medizin und Soziologie in Hamburg. Zunächst Klinischer Psychologe im Universitätskrankenhaus Hamburg Eppendorf, nach Staatsexamen und Promotion in Medizin Assistenzarzt in einem Sozialpsychiatrischen Dienst in der Provinz Arezzo/Toskana, danach psychiatrische Ausbildung in Kaufbeuren/Allgäu. 1986 wechselte er als Lektor für medizinische Lehrbücher ins Verlagswesen und wurde 1988 wissenschaftlicher Leiter des Schattauer Verlags, 1992 dessen verlegerischer Geschäftsführer. Aus seiner Überzeugung heraus, dass Lernen Spaß machen muss und solides Wissen auch unterhaltsam vermittelt werden kann, konzipierte er 2009 die Taschenbuchreihe »Wissen & Leben«, in der mittlerweile mehr als 50 Bände erschienen sind. Bertram hat eine Ausbildung in Gesprächs- und Verhaltenstherapie sowie in Psychodynamischer Psychotherapie und arbeitet als Psychotherapeut in eigener Praxis.

Für seine »wissenschaftlich fundierte Verlagstätigkeit«, mit der er im Sinne des Stiftungsgedankens einen Beitrag zu einer humaneren Medizin geleistet hat, in der der Mensch in seiner Ganzheitlichkeit im Mittelpunkt steht, wurde Bertram 2018 der renommierte Schweizer Wissenschaftspreis der Margrit-Egnér-Stiftung verliehen.

Thomas Köhler

Der Charme des Todes

Rätselhafte Todesfälle und
kuriose posthume Schicksale
berühmter Persönlichkeiten

 Schattauer

Prof. Dr. med. Dr. phil. Dipl.-Psych. Thomas Köhler
Oberstraße 98
20149 Hamburg
thomas.koehler@uni-hamburg.de

Bibliografische Information der Deutschen Nationalbibliothek
Die Deutsche Nationalbibliothek verzeichnet diese Publikation in der Deutschen Nationalbibliografie; detaillierte bibliografische Daten sind im Internet über http://dnb.d-nb.de abrufbar.

Besonderer Hinweis
Die Medizin unterliegt einem fortwährenden Entwicklungsprozess, sodass alle Angaben, insbesondere zu diagnostischen und therapeutischen Verfahren, immer nur dem Wissensstand zum Zeitpunkt der Drucklegung des Buches entsprechen können. Hinsichtlich der angegebenen Empfehlungen zur Therapie und der Auswahl sowie Dosierung von Medikamenten wurde die größtmögliche Sorgfalt beachtet. Gleichwohl werden die Benutzer aufgefordert, die Beipackzettel und Fachinformationen der Hersteller zur Kontrolle heranzuziehen und im Zweifelsfall einen Spezialisten zu konsultieren. Fragliche Unstimmigkeiten sollten bitte im allgemeinen Interesse dem Verlag mitgeteilt werden. Der Benutzer selbst bleibt verantwortlich für jede diagnostische oder therapeutische Applikation, Medikation und Dosierung.
In diesem Buch sind eingetragene Warenzeichen (geschützte Warennamen) nicht besonders kenntlich gemacht. Es kann also aus dem Fehlen eines entsprechenden Hinweises nicht geschlossen werden, dass es sich um einen freien Warennamen handelt.

Schattauer
www.schattauer.de
© 2021 by J. G. Cotta'sche Buchhandlung
Nachfolger GmbH, gegr. 1659, Stuttgart
Alle Rechte vorbehalten
Cover: Bettina Herrmann, Stuttgart
unter Verwendung einer Abbildung von © istock/EzumeImages
Gesetzt von Eberl & Kœsel Studio GmbH, Krugzell
Gedruckt und gebunden von Friedrich Pustet GmbH & Co. KG, Regensburg
Lektorat: Marion Drachsel, Berlin
Projektmanagement: Dr. Nadja Urbani, Stuttgart
ISBN 978-3-608- 40054-0
ISBN E-Pub 978-3-608-12099-8
ISBN ePDF 978-3-608-20513-8

Venit mors velociter, rapit nos atrociter, nemini parcetur
(Der Tod kommt schnell und rafft uns grausam dahin;
kein Einziger bleibt verschont)
Aus dem Studentenlied »Gaudeamus igitur«

Vorwort

Die Monate der Abfassung dieses Büchleins und – mit ziemlicher Sicherheit – auch die seines Erscheinens sind beileibe nicht die günstigsten: Der Tod und die Maßnahmen zu seiner Verhinderung sind durch die Corona-Krise so sehr in den Lebensalltag gerückt, dass es gegenwärtig keineswegs eine nahe liegende Freizeitlektüre sein dürfte, sich mit den faszinierenden (zuweilen grotesken) Aspekten des Todes zu befassen. Vielleicht – so hoffe ich – ist es für einige aber jetzt gerade die geeignete Zeit, dem Thema Tod ins Auge zu sehen, und zwar nicht mit tiefschürfenden Gedanken, die schließlich doch zu nichts führen. Die hier präsentierte Mischung aus Geschichte und Biologie, die in der Regel längst verstorbene Personen betrifft, ist möglicherweise genau das Richtige: aus angemessener Distanz sich mit etwas zu befassen, was wir uns schwer als eigene Realität vorstellen können, es gleichwohl sein wird. Jenes »*Media vita in morte sumus*« (mitten im Leben sind wir im Tod) wurde den in der westlichen Zivilisation nach dem Zweiten Weltkrieg lebenden Menschen nie so klar wie jetzt vor Augen geführt. Aber wie auch immer: Dank der unleugbaren Fortschritte der Medizin werden die Covid-19-Jahre irgendeinmal Geschichte sein und das Buch wird hoffentlich spätestens dann jenes Interesse finden, das sich der Autor bei der Planung und in den ersten Monaten der Abfassung erhofft hat.

Dass in einer Reihe mit dem Titel »Wissen & Leben« ausgerechnet ein Buch über den Tod erscheint, mag widersinnig erscheinen, ist es aber ganz gewiss nicht. Das Sterben ist ein vollwertiger Akt im Leben, wenn auch der letzte; erst mit seinem Abschluss hat das Leben seine endgültige

Gestalt angenommen. Es verhält sich so wie in der Grammatik mit dem Punkt: Er schließt zwar den Satz ab, beendet seine Aussage, ohne ihn bliebe der Satz aber unvollständig.

So befremdend es klingen mag: Mir hat die Abfassung Spaß gemacht. Es ist lehrreich, zu sehen, wie zufällig und schicksalhaft zugleich der Tod ist: Wäre der Chauffeur des Erzherzogs Ferdinand in Sarajewo nicht aus Versehen in die falsche Straße abgebogen, so hätte der Attentäter Gavrilo Prinzip nie sein Ziel so perfekt präsentiert bekommen und der Erste Weltkrieg wäre nicht oder vielleicht erheblich später ausgebrochen – viele junge Männer, die elend auf den Schlachtfeldern umkamen, hätten noch Jahrzehnte gelebt, ihre große Liebe gefunden und ein zufriedenes bürgerliches Leben führen können. Wäre Caesar nicht an den Iden des März in den Senat gegangen – trotz zahlreicher Warnungen und böser Vorahnungen –, sondern hätte sein Fernbleiben durch Unwohlsein entschuldigt, hätten ihn Brutus und Cassius und andere Senatoren dort nicht erdolchen können; der Verlauf der Weltgeschichte wäre sicher ein gänzlich anderer gewesen.

Dem Schattauer-Verlag, mit dem ich seit Jahrzehnten harmonisch zusammenarbeiten darf, speziell Wulf Bertram und in besonderem Maße Frau Nadja Urbani, danke ich herzlich für diese Gelegenheit, meine Gedanken in Druckform einer hoffentlich interessierten und zahlreichen Leserschaft präsentieren zu können. Mein alter Freund und Kollege Reinhold Schwab gab mir wertvolle Anregungen und ebenfalls einer meiner wenigen Freunde, Michael Wuchner, hat mir mit seinen bemerkenswerten historischen Kenntnissen dank seiner Korrektur manche Peinlichkeit erspart. Frau Marion Drachsel danke ich sehr für die gründliche Lektorierung und Herrn Fabian Beermann für die effektive Beschaffung von Literatur. Wie immer hat meine liebe Frau Carmen die Abfassung ertragen, manchmal etwas grummelig über die Unordnung im gemeinsamen Wohnzimmer und ungeduldig, weil ich andere Aufgaben immer wieder aufzuschieben verstand; wahrscheinlich aber war sie unter dem Strich ganz froh, so wenigstens für einige Stunden täglich in Ruhe gelassen zu werden.

Hamburg, im November 2020 (anno coronae primo)
Thomas Köhler

Inhalt

1 Zur Physiologie des Todes und der postmortalen Zersetzungsvorgänge

1.1 Der Akt des Sterbens

Als Tod *(Exitus letalis)* wird das irreversible Aussetzen aller lebenserhaltender Funktionen bezeichnet. Der Übergang vom Leben zum Tod wird Sterben genannt, wofür es einerseits weniger drastische Ausdrücke gibt (z. B. entschlafen, verscheiden), andererseits auch zahlreiche ausgesprochen salopp-schnoddrige Bezeichnungen (etwa: ins Gras beißen, abkratzen, den Löffel abgeben).

Festzulegen, wann die lebenserhaltenden Funktionen wirklich unumkehrbar verloren sind, ist nicht immer einfach. So gibt es bekanntlich nach einem Herzstillstand nicht selten erfolgreiche Wiederbelebungsversuche und der »Scheintod« war früher offensichtlich keineswegs selten.

Scheintod ▬▬▬▬▬▬▬▬▬▬▬▬▬▬▬▬▬▬▬▬▬▬▬▬▬▬▬▬▬▬▬▬▬▬

Als Scheintod *(Vita reducta)* bezeichnet man einen Zustand extrem tiefer Bewusstlosigkeit, in dem sich ohne eine sehr genaue Untersuchung Lebenszeichen nicht nachweisen lassen, andererseits aber die sicheren Zeichen des Todes (Totenflecken, Totenstarre) fehlen. Heutzutage dürfte er in unserem Teil der Welt angesichts der zwingend erforderlichen Leichenschau zur Erlangung des Totenscheins eine extreme Rarität darstellen; er war aber früher angesichts der Feststellung des Todes mittels eines nicht tastbaren Pulses oder einer unter die Nase gehaltenen, sich nicht bewegenden Feder (bzw. eines sich nicht beschlagenden Spiegels) offenbar etwas nicht ganz Ungewöhnliches, u. a. deshalb, weil die Ärzte sich für viele Jahrhunderte vorzugsweise um die noch lebenden Kranken kümmerten und die Feststellung des Todes einer Person deren Angehörigen oder Bekannten überlassen wurde; auch gebildete Personen hatten oft eine panische Angst vor einem solchen Schicksal. Scheintote dürften deutlich häufiger ins Grab gelegt worden sein, wenn Krankheitsepidemien herrschten und man die scheinbare Leiche rasch aus dem Haus bzw. weg von der Straße haben und unter die Erde bringen wollte. Auf Betreiben des renommierten Mediziners Hufeland wurden im 18. Jahrhundert mehr und mehr Leichenhallen auf den Friedhöfen angelegt, in denen die Verstorbenen für einige Zeit vor der Beerdigung aufgebahrt sein mussten. Diese Leichenhallen haben sich bekanntlich bis heute gehalten, dienen aber mittlerweile dazu, der Öffentlichkeit Gelegenheit zu geben, einen Blick auf den Toten bzw. seinen meist bereits geschlossenen Sarg zu werfen.

Der Scheintod ist ein durchaus beliebtes Motiv in der Literatur, keineswegs nur in Form billiger Gruselgeschichten. Werner Bergengruen hat in seinem Novellenband »Der Tod von Reval« in der köstlichen Erzählung »Die wunderliche Herberge« das Thema humoristisch behandelt: Ein Arzt, der sich, je mehr er seinem eigenen Ende entgegensah, zunehmend mit dem Scheintod beschäftigte, sich auch diesbezüglich mit diversen Eingaben an die Behörde wandte, verfügte schließlich in seinem Testament den Bau einer »Herberge für Scheintote« nahe des außerhalb der Stadt liegenden Friedhofs. Sie hatte drei Zimmer, in die sich die gerade noch dem Unglück Entronnenen flüchten konnten, jedes mit Möbeln voller Kleidung ausgestattet, in der kalten Jahreszeit ständig beheizt, auch mit Schreibzeug versehen, damit die Geretteten ihren Angehörigen und den Behörden Mitteilung von ihrem nicht erfolgten Ableben machen konnten. Zur Hüterin der Herberge hatte der Stifter – unter Zahlung einer nicht unbeträchtlichen Rente – seine einstige Haushälterin bestimmt. Diese war natürlich einerseits sehr froh über die lebenslange Absicherung, begann sich andererseits allmählich zu langweilen, nachdem im Laufe vieler Jahre kein einziger Scheintoter Zuflucht gesucht hatte. Es war deshalb durchaus eine willkommene Abwechslung, als ihre Nichte sie bat, ihr lediglich für eine Nacht eines der Zimmer für ein Treffen mit ihrem Geliebten zur Verfügung zu stellen. Die Nichte kam wieder, auch mit anderen Liebhabern, und bald hatte sich die Gelegenheit unter anderen Pärchen herumgesprochen. Die Herbergsmutter verdiente sich so zusätzlich noch ein wenig Geld durch Kuppelei und hatte angenehme Unterhaltung. Eine Störung dieser bequemen Situation trat allerdings dergestalt auf, dass tief in der Nacht – alle Zimmer waren mit Lebenden bzw. Liebenden besetzt – stürmisch die Glocke geläutet wurde und ein Mann, nur mit einem Hemd bekleidet, energisch Einlass begehrte; es war also ganz offensichtlich ein Scheintoter, für den eine der Kammern geräumt wurde und welcher der Dame des Hauses sowie ihren Gästen drastisch sein gerade noch geglücktes Entkommen aus dem Sarge schilderte. Am nächsten Morgen war er allerdings verschwunden, hatte sich mit den bereitgelegten Kleidern versehen, dafür aber sein Hemd zurückgelassen. Im Laufe des Tages erschien ein Polizist, der von einem ausgebrochenen Sträfling erzählte und bei der Inspektion das in der Strafanstalt gebräuchliche Hemd fand. Um sich von dem Vorwurf der Fluchtbegünstigung zu befreien, nannte die Hausverwalterin alle dabei in der vergangenen Nacht anwesenden Zeuginnen und Zeugen, womit die Kuppelei aufkam. Um das Andenken des seligen Stifters nicht zu beschmutzen, kehrte man allerdings das Ganze unter den Teppich und es traf sich gut, dass im Rahmen des Baus einer Bahntrasse das Haus ohnehin abgerissen werden musste und die Stadt für das Grundstück eine nicht unerhebliche Summe bot. Mit einer guten Rente ausgestattet und mit einem Teil der Entschädigung versehen, verbrachte die alte Dame den Rest ihres Lebens in einem komfortablen Witwenstift.

Unfreiwillig humoristisch behandelte die »schlesische Nachtigall« Frederike Kemper den Sachverhalt in ihrem viel zitierten Reim: *»Wisst ihr nicht, wie weh es tut, wenn man wach im Grabe ruht?«* Ihre nur bedingt entwickelte poetische Ader sollte aber nicht vergessen machen, dass diese wohlhabende Dame sich eifrig sozialen Projekten widmete, u. a. eben den durchaus legitimen Anliegen von Scheintoten.

Tritt der Tod nicht »schlagartig« auf, z. B. durch Herzstillstand nach einem Infarkt oder durch schwere Herzrhythmusstörungen (oder durch einen Unfall bzw. Gewaltakt), ist davon auszugehen, dass die Organe sukzessive in ihrer Funktion nachlassen. Zuerst stellen Leber und Niere ihre Tätigkeit weitgehend ein, womit sich diverse, darunter hirnschädigende Substanzen in hohen Konzentrationen bilden; diesen ist es zu verdanken, dass die Sterbenden die Agonie, den »Todeskampf«, meist nicht bei vollem Bewusstsein erleben. Später lässt die Lunge in ihrer Funktion nach mit der Folge des röchelnden Atems. Schließlich schlägt das Herz zunehmend schwächer und unregelmäßiger, weshalb zuweilen im Stadium der Agonie bereits Totenflecken auftreten; schließlich hört es völlig auf zu schlagen (Herztod). Damit erhält das Gehirn auch den nötigen Sauerstoff nicht mehr und stellt seine neuronale Aktivität ein (Hirntod, gekennzeichnet u. a. durch »Null-Linien« im EEG). Dies geschieht aber offenbar nicht sofort, sondern ist möglicherweise sogar mit einer kurzfristigen Steigerung synaptischer Übertragungen verbunden, die zu interessanten psychischen Reaktionen führt. So soll Papst Johannes Paul II. direkt vor Eintritt des Todes einen seligen Ausdruck in seinem von der Parkinson-Krankheit sonst erstarrten Gesicht gezeigt haben. Auch die immer wieder beschriebenen »Nahtod-Erfahrungen« von Personen, die ins Leben zurückgeholt wurden, sind vielleicht auf diese eigenartigen neuronalen Aktivitäten zurückzuführen.

Zudem verändert sich der Gesichtsausdruck der sterbenden Person. Diese »Facies hippocratica« ist vornehmlich gekennzeichnet durch eine spitze Nase und eine eigenartige Blässe im Bereich von Nase und Mund sowie eingesunkene Augen und Wangen.

Ist der Tod eingetreten, zeigen sich typische Veränderungen, die im Rahmen der Leichenschau gewissenhaft zu beachten sind. Von diesen sicheren Todeszeichen sind zunächst die Totenflecken zu nennen, die sich zuweilen schon während der Agonie als Folge der verminderten Herzleistung ausbilden können, aber spätestens 30–60 Minuten nach dem Exitus auftreten. Es sind rötlich blaue Hautveränderungen, durch Absinken des Blutes hervorgerufen und an jenen (tief gelegenen) Stellen zu finden, wo der Sterbende nicht auflag (also nicht an den Pobacken, den Schultern, den Waden und Fersen, hingegen deutlich an Oberschenkeln und am unteren Rücken). In den ersten Stunden lassen sie sich noch wegdrücken; später, nachdem der durch Zerfall der roten Blutkörperchen freiwerdende Blutfarbstoff ins Gewebe eingedrungen ist, ist dies nicht mehr möglich und die Totenflecken fließen zusammen. Das zweite sichere Zeichen ist die Totenstarre *(Rigor mortis)*, die nach zwei bis drei Stunden an der Muskulatur des Kiefergelenks einsetzt – deshalb die verbreitete Sitte, mittels eines Tuchs den Unterkiefer in geschlossener Mundstellung zu fixieren. In den nächsten acht bis zehn Stunden ergreift die Totenstarre den gesamten Körper, um sich einige Tage später wieder völlig zu lösen. Zusammen mit der abfallenden Körpertemperatur lässt sich nicht nur der Tod feststellen, sondern auch der Zeitpunkt seines Eintritts schätzen (bei erst später aufgefundenen Leichen kann man beispielsweise anhand der Besiedlung mit Tieren bzw. ihren Eiern mit oft erstaunlicher Präzision den Todeszeitraum eingrenzen).

1.2 Die natürlichen postmortalen Zersetzungsvorgänge (Verwesung, Dekomposition)

Unmittelbar nach dem Tod setzt die Verwesung ein, nachdem die nun funktionsunfähigen Zellen die Auflösung ihrer Strukturen und das Eindringen von Bakterien und anderen Mikroorganismen nicht mehr verhindern können. Diese Erreger waren großteils bereits im lebenden Organismus vorhanden, ohne ihm zu schaden, bildeten beispielsweise die Darmflora. Eine weitere Rolle spielt die Autolyse, die Zersetzung durch körpereigene, trotz des mittlerweile erfolgten Exitus noch arbeitende Enzyme. Am schnellsten laufen die Verwesungsvorgänge im feuchtwarmen Klima ab, insbesondere wenn die Leiche oberirdisch im Freien lagert und Ameisen, Würmer, aasfressende Säugetiere und

Vögel sowie weitere Organismen hier reiche Beute finden. Binnen weniger Wochen bleiben oft nur die Knochen übrig, die sich aber dann über Jahrhunderte bis Jahrmillionen halten können.

In der Friedhofserde geht, abhängig von der Bodenbeschaffenheit, die Verwesung langsamer vor sich; frühestens nach drei, spätestens meist nach zwölf Jahren ist nur noch das Skelett vorhanden, welches oft bei der Neubelegung des Grabes (sofern die Angehörigen des gerade Verstorbenen einverstanden sind) dort verbleibt, sonst in »Beinhäusern« (Kärnern) untergebracht wird. Bemerkenswerte Beinhäuser finden sich u. a. in Hallstadt in Österreich oder im Kloster St. Florian in Oberösterreich; besonders eindrucksvoll ist jenes im Katharinenkloster im Sinai (Ägypten), wo die Gebeine der in den vielen Jahrhunderten dort nach einem frommen Leben verstorbenen Mönche untergebracht sind. Äußerst skurrile Beinhäuser findet man in einigen Orten Tschechiens (z. B. in Kutná Hora), wo aus den Knochen Gegenstände wie Wappen oder Leuchter geformt sind.

Die gesetzlichen Ruhefristen, nach denen die Gräber aufgelöst oder neu belegt werden, betragen in Deutschland – abhängig vom Bundesland – 15–30 Jahre, wobei im Falle der »Wachsleichen« auch diese lange Zeit nicht genügt, um ein vollständig von sonstigen Geweberesten befreites Skelett zu erhalten (▶ Abschn. 1.3.5).

Kälte verzögert die Verwesungsvorgänge erheblich; beispielsweise sehen die im sibirischen Permafrostboden gefundenen Wollnashörner oder Mammuts wie lebendig aus. Auch die berühmte Gletscherleiche Ötzi verdankt ihre bemerkenswerte Unversehrtheit der Tatsache, dass Ötzi schon in einer kalten Jahreszeit verstarb, offenbar bald danach eingeschneit wurde und unter Schnee und Eis die nächsten Jahrtausende verbrachte. Nicht ohne Grund bewahren pathologische Anatomen ihre Untersuchungsobjekte in gekühlten Schränken auf.

Die Gletschermumie Ötzi

Im Jahre 1991 entdeckte ein Bergwanderehepaar in circa 3200 Meter Höhe am Hauslabjoch in den Ötztaler Alpen – auf italienischer Seite, aber nahe zur österreichischen Grenze – in einem im Abschmelzen begriffenen Schneefeld eine außergewöhnlich gut erhaltene Leiche, die aufgrund ihrer Kleidung und der daneben liegenden Gegenstände schnell als sehr alt identifiziert werden konnte. Im gerichtsmedizinischen Institut von Innsbruck, wohin man den Fund zunächst transportierte und die ersten Untersuchungen vornahm, wurde »Ötzi« als Mann identifiziert, der gegen Ende des vierten vorchristlichen Jahrtausends lebte und ganz offensichtlich an den Folgen einer Verletzung durch einen Pfeil starb. Anders als man lange annahm, hatte ihn der Schuss nicht im Tal getroffen, wo er sich wenige Tage vor seinem Tod noch aufhielt. Die Pfeilverletzung und ein mittlerweile nachgewiesenes Schädel-Hirn-Trauma mussten unmittelbar tödlich sein. Zudem hatte er kurz vor seinem Tod noch eine ausgiebige Mahlzeit eingenommen. Damit ergab sich, dass er aus dem Tal über 2000 Meter nach oben gestiegen (wohl geflohen) war. Dort fühlte er sich leidlich sicher, was sich jedoch als Trugschluss herausstellte: Man war ihm gefolgt, tötete ihn nahe des Fundorts mit einem Pfeil; dabei schlug er entweder mit dem Kopf auf einem Felsen auf oder seine Verfolger hieben zusätzlich mit einem Stein auf ihn ein (Zink 2016, S. 69 ff.). Aus seinem Mageninhalt schloss man, dass er im Herbst[1] gestorben war, durch die kalten und trockenen Gletscherwinde eine teilweise Mumifizierung erfuhr, bald eingeschneit wurde und dann tiefgefroren über mehrere Tausend Jahre unverändert dort lag, bis ein heißer Sommer die oberste Partie freilegte.

---

1 Andere gehen von einem Tod im Frühjahr aus; dann wäre es aber erstaunlich, dass – selbst in dieser Höhe – nicht Verwesungsprozesse eingesetzt bzw. diverse Raubvögel oder Krähen an seinem Leichnam Beute gefunden hätten.

Trockene Hitze erschwert ebenfalls den Gewebsverfall, wie etwa an den Inka-Leichen zu sehen, deren intakt wirkende Haut mit Haaren das Skelett umspannt.

1.3 Die beabsichtigte oder unbeabsichtigte Verhinderung der Verwesung (»Mumifizierung«, »Mumifikation«)

1.3.1 Vorbemerkungen

Nicht verweste, also durch keinerlei Veränderungen gekennzeichnete Leichen gibt es nicht (sieht man von jenen durch Tiefgefrieren oder Plastination entstandenen Überresten ab). Lediglich kann es sein, dass die Zersetzung an einigen Partien so ausfällt, dass der Körper des Toten dem der einst lebenden Person erstaunlich ähnlich ist. Es hat sich eingebürgert, solche Leichen als Mumien zu bezeichnen, was missverständlich ist. Mumien sind streng genommen nur jene, die im Alten Ägypten durch bestimmte Mumifizierungstechniken (also letztlich durch Austrocknung des Gewebes) erhalten wurden, sowie die auf natürliche Weise dank günstiger Umstände ebenfalls unter weitgehendem Erhalt der Struktur entstandenen Inka-Leichen und in Europa die Gruft- bzw. Kirchenleichen (▶ Abschn. 1.3.3). So hat der oft als Gletschermumie bezeichnete Ötzi (s. oben) seinen bemerkenswerten Erhaltungszustand zwar sicher teilweise durch Mumifizierungsvorgänge in den Wochen nach seinem Tod erlangt, aber wahrscheinlich wäre wenig von ihm übrig, hätte ihn danach bis zu seiner Entdeckung nicht das Eis bedeckt. Auch die Fettwachsmumien (▶ Abschn. 1.3.5) sind auf gänzlich andere, nicht beabsichtigte und keineswegs erwünschte Art zustande gekommen.

1.3.2 Die Mumifizierung bei den Ägyptern

In ihrem unerschütterlichen Glauben an ein Leben nach dem Tode, welches dem derzeitigen gleicht, waren die alten Ägypter sehr darauf bedacht, die Leichen in möglichst unversehrtem Zustand zu halten. In den frühesten Zeiten wurden die Verstorbenen in Schilfmatten eingehüllt und im Sand vergraben. Die Hitze und der Salzgehalt des Bodens sorgten für eine rasche Mumifizierung. Später wurden die Techniken elaborierter: Speziell ausgebildete Personen öffneten den Bauch, entnahmen dort weitgehend die Organe (zudem durch die Nase mithilfe von Haken das Gehirn) und trockneten diese gesondert.[2] In den hohlen Bauchraum wurden Säckchen mit Natron (einem Salzgemisch) eingebracht, die dem Körper rasch das Wasser entzogen. Nach gut einem Monat bestrich man die Leiche zur weiteren Konservierung mit Harz und Ölen – daher auch der Ausdruck »Einbalsamieren«. Danach legte man die entnommenen Eingeweide entweder in den Bauch zurück oder stellte sie in Kanopengefäßen neben den Leichnam, der, in Tücher gehüllt, in der Grabkammer seine letzte (oft nur vorletzte) Ruhestätte fand (nach Zöller-Engelhardt 2018). Wie effizient diese Technik war, kann man beispielsweise an der Mumie des um 1200 v. Chr. verstorbe-

---

2 Diese Entfernung der besonders leicht verweslichen inneren Organe erhöhte erfahrungsgemäß die Chancen, den restlichen Leichnam besser zu konservieren. Sie wurde noch im 19. Jahrhundert v. a. in katholischen hohen Adelshäusern praktiziert, oft religiös verbrämt: So ruhen die Herzen der Wittelsbacher (inklusive das des letzten, 1921 verstorbenen bayerischen Königs Ludwigs III.) in der Gnadenkapelle von Altötting, während ihre restlichen Körper in diversen Grüften ihre letzte Ruhestätte fanden.

nen Pharao Ramses II. sehen, dessen Gesichtszüge alle charakteristischen Merkmale beibehalten haben.

Salzleichen

Was die alten Ägypter mit Natron bewirkten, nämlich den massiven Entzug von Wasser aus der Leiche (zusammen mit einem keimtötenden Effekt), kann auch ganz ohne menschliche Einwirkung geschehen – man spricht dann nicht von Mumifizierung, sondern von Mumifikation. Das passiert etwa, wenn Personen in der Nähe großer Salzmengen versterben, typischerweise bei Stolleneinbrüchen in Salzbergwerken. So wurden beispielsweise im Iran in einem Salzstollen über 2000 Jahre alte getrocknete Leichen gefunden, deren Gesichtszüge und Körperformen erstaunlich gut erhalten waren. Auch bei Hallstadt in Oberösterreich, das seit langer Zeit eine Tradition des Salzbergbaus hat und daraus auch seinen Namen ableitet (*hal* = Salz), wurde vor einigen Jahrhunderten ein »Mann im Salz« gefunden; allerdings beerdigte man ihn rasch, sodass die nach den zeitgenössischen Berichten extrem gut konservierte Leiche ein für alle Mal verschwunden ist.

Die toten Stellvertreter Christi

So heißt ein lesenswerter Artikel von Kehnel & Kümper (2018), der unter Ergänzungen hier wiedergegeben wird.

Einbalsamiert – in Wirklichkeit nicht mit ätherischen Ölen behandelt, sondern mit scharfen Chemikalien (nämlich Formalinlösung) – werden traditionsgemäß auch die verstorbenen Päpste (zuweilen gegen deren zu Lebzeiten geäußerten Wunsch). Wenigstens für die etwa neun Tage, wo die Leiche bis zu den Trauerfeierlichkeiten öffentlich aufgebahrt im Petersdom liegt, soll diese in einem optisch und geruchsmäßig erträglichen Zustand gehalten werden. Was keineswegs immer zufriedenstellend gelang: Der Leichnam Pius XII. wechselte während der Aufbahrung im Petersdom sichtlich seine Farbe, von grau über grün zu purpurrot, die Nase wurde schwarz und fiel noch vor der Beisetzung ab. Die kräftigen jungen Männer der Schweizer Garde, die den toten Papst bewachten, fielen aufgrund des Gestanks reihenweise in Ohnmacht und wurden deshalb schließlich jede Viertelstunde abgelöst. Bei Paul VI. begann sich das Bein zu zersetzen – Folge wohl auch der ungewöhnlichen Hitze in diesem Sommer. Andererseits war der Leichnam des 1963 verstorbenen Johannes XXIII.

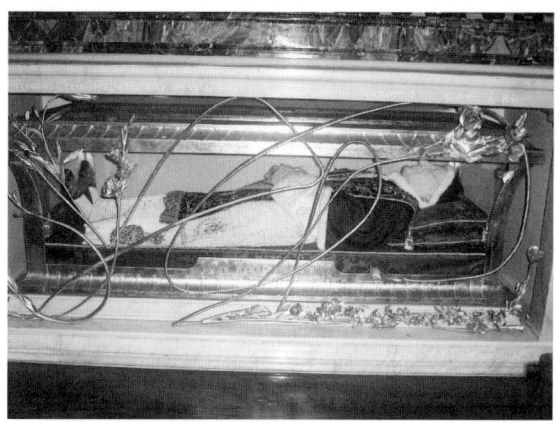

Abb. 1-1 Papst Johannes XXIII.

fast völlig unversehrt, als man angesichts seiner Seligsprechung 2001 den Sarkophag in den Vatikanischen Grotten öffnete. Die Leiche wurde daraufhin in einen Glassarg umgebettet und ist seit einiger Zeit, eingelassen in einen Altar im Domraum, sichtbar untergebracht (► Abb. 1-1).

1.3.3 Die Kirchen- oder Gruftmumien

Dass hochgestellte Persönlichkeiten nach ihrem Tod nicht einfach der Erde übergeben wurden, war zwar früher schon üblich – man denke etwa an die Porphyrsarkophage der Kaiser Heinrich VI. und Friedrich II. im Dom von Palermo. Später wurden diese Hochbestattungen in einer Gruft, meist einer Kapelle innerhalb der Kirche oder in einem Raum unter dem Kirchenboden, auch beim niedrigen Adel oder gehobenen Bürgertum populär, sicher nicht zuletzt deshalb, weil sie häufig einen vollständigen Zerfall der Leiche verhinderten. Der Tote lag in einem Holzsarg, der mit Hobelspänen und Hopfen (zur Übertönung des

Verwesungsgeruchs) ausgelegt war; in den oft mehreren Tagen zwischen Tod und Trauerfeierlichkeiten wurde das Leichenwasser gut absorbiert und der Hopfen wirkte zudem antibiotisch und antimykotisch (gegen Pilzbefall gerichtet). Nachdem man den Holzsarg meist in einen zweiten Sarg aus festerem Material gelegt hatte, wurde das Ganze auf ein Untergestell gesetzt. Damit der Geruch die Kirchenbesucher nicht störte, sorgte man durch Schlitze in den Wänden für ständige Belüftung, womit nun ideale Mumifizierungsbedingungen vorlagen. Man schätzt die Zahl dieser meist aus dem 17. bis 19. Jahrhundert stammenden, oft erstaunlich gut erhaltenen Gruftmumien auf etwa 1000 (darunter der berühmte Ritter Kahlbutz von Kampehl; ▸ Kap. 3.7); in Deutschland sind sie fast ausschließlich in den neuen Bundesländern zu finden (sieht man von den acht Mumien im Bleikeller des Bremer Doms ab).

Aber auch in katholischen Regionen war die absichtliche Mumifizierung keineswegs selten, insbesondere in Kapuzinerklöstern. Niemand, der Palermo besucht, sollte sich die Besichtigung der Kapuzinergruft (Catacombe dei Cappuccini) mit ihren über 2000 Mumien entgehen lassen. Die Mönche legten die Leichname in Terrakottaröhren, aus denen das Leichenwasser gut abfließen konnte, und brachten sie für die ersten Schritte des Prozesses in besonders trockene und gut belüftete Teile der unterirdischen Grüfte – allerdings wurde später die Konservierung durch Schwermetalllösungen und insbesondere Formalin verbessert; durch einen einfachen Dörrvorgang lässt sich so nie die Lebensechtheit beispielsweise der kleinen Rosalia Lombardo (▸ Abb. 1-2) erklären. Danach wurden die Leichen entweder in Särge gelegt oder – besonders eindrucksvoll – in Korridoren aufgereiht. Erst zu Beginn des 20. Jahrhun-

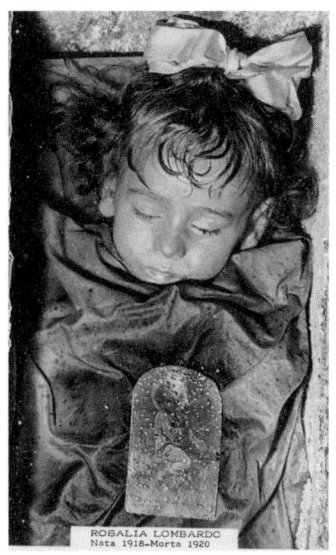

Abb. 1-2 Die Leiche der kleinen Rosalia Lombardo, Kapuzinergruft in Palermo.

derts wurde diese Form der Bestattung untersagt. Auch in Rom befindet sich eine Kapuzinergruft (in der allerdings kaum Mumien, jedoch Abertausende von Schädeln und Gebeinen zu sehen sind). In Wien sind dergleichen Artefakte unter der Michaelerkirche zu besichtigen, während in der berühmten, später noch erwähnten Kapuzinergruft in oberirdischen Särgen die Gebeine der Habsburger ruhen (dargestellt im Wesentlichen nach Altcrauge 2018).

1.3.4 Moorleichen

Nicht dem Entzug von Wasser, sondern, im Gegenteil, der sauren, mit diversen weiteren Substanzen versehenen Flüssigkeit der Moore haben Moorleichen ihre teilweise hervorragende Konservierung zu verdanken – einen Wiedergänger des berühmten Tollund-Mannes aus Jütland würde ein Kenner in jeder beliebigen Fußgängerzone sofort identifizieren. Durch Versinken im Moorwasser und Fixierung am Untergrund wurden aerobe (auf Sauerstoff angewiesene) Bakterien abgehalten, die wesentlich an der Zersetzung beteiligt sind. Bei Freilegung zerfallen diese Leichname oft schnell oder schrumpfen – anders als die vorher dargestellten wirklichen Mumien – beträchtlich. Der Tollund-Mann beispielsweise muss mittels anderer Techniken erhalten werden.

Die mittlerweile gut hundert Moorleichen fanden sich in erster Linie in Nordwesteuropa, d. h. den Niederlanden, Norddeutschland und Dänemark, und sind im Wesentlichen auf die zwei Jahrhunderte vor und nach Christi Geburt zu datieren. In Deutschland sind die bekanntesten Moorleichen im Museum des Schlosses Gottorf bei Schleswig sowie der berühmte »Rote Franz« im Niedersächsischen Landesmuseum Hannover in Schaukästen zu besichtigen.

Auffällig häufig handelt es sich dabei um gewaltsam zu Tode Gekommene, wobei das Tatwerkzeug (oft ein Strick um den Hals) meist bei der Leiche verblieb. Deshalb konkurrieren die Hypothesen, dass es hingerichtete Verbrecher oder rituell Geopferte sind (s. van Vilsteren 2018).

1.3.5 Wachsleichen

Diese sich nicht oder nur unvollständig zersetzenden Leichen – im Fachjargon Adipocire genannt (von lat. *adeps* = Fett und frz. *cire* = Wachs) – stellen Friedhofsverwaltungen teilweise vor erhebliche Probleme, da die das Speicherfett bildenden Triglyceride (Fettsäuren, die an den dreiwertigen Alkohol Glycerin gebunden sind) nicht richtig abgebaut werden. Die Fettsäuren lösen sich vom Glycerin, werden dann aber aufgrund von Sauerstoffmangel nur um wenige C-Atome verkürzt. Diese so entstandenen freien Fettsäuren, das Leichenlipid, lagern sich in die Gewebe ein und verhärten sich. Begünstigend für die Bildung solcher »Wachsleichen« ist in jedem Fall hohe Feuchtigkeit (deshalb sehr oft bei Wasserleichen zu beobachten), daneben Luftarmut bei eingeschränktem Gasaustausch (etwa in lehmigen Böden). Zusätzlich spielen aber noch weitere, bis jetzt unbekannte Faktoren eine Rolle (dargestellt im Wesentlichen nach Fiedler & Graw 2018).

1.3.6 Moderne Methoden zur Erhaltung der Körperstruktur: Konservierung in Alkohol, Formalininjektion und Plastination

Dass Alkohol (u.a. wegen seiner keimtötenden Wirkung) Gewebe gut erhält, sieht man an den in Alkohol eingelegten Organen oder den missgebildeten Feten in jedem medizinhistorischen Museum. Auch die bei Mitgliedern einiger Adelshäuser (etwa den Habsburgern oder Wittelsbachern) entnommenen und an andere Stätten in besonderen Behältnissen gebrachten Organe dürften zuerst in Alkohol gelegen haben, nach dessen Verdunstung sie zusammenschrumpften, aber nicht restlos verwesten. Zur Konservierung ganzer Leichen eignet sich ein (zwischendurch aufzufüllendes) Alkoholbad allerdings sicher nicht.

Zu Beginn des 19. Jahrhunderts machte man die Entdeckung, dass arsen- oder quecksilberhaltige Lösungen, in den Körper eingebracht, diesen wenigstens für gewisse Zeit leidlich intakt erhielten. Mitte desselben Jahrhunderts entwickelte man das Verfahren des Einspritzens von Formalin (Formaldehyd in Lösung, meist Methanol), welches, ins Gefäßsystem gebracht, den Körper gut erhält. Dazu wird Formalin in große Arterien gepumpt und gleichzeitig das venöse Blut entnommen. Diese Methode kam beispielsweise beim toten Lenin (▸ Kap. 3.8) zur Anwendung; allerdings war dessen Leichnam vorher obduziert worden, sodass kein geschlossenes Gefäßsystem mehr vorlag und der Körper an diversen Stellen leckte. Auch andere kommunistische Machthaber, so Mao Tse-tung und die beiden Vorgänger des heutigen nordkoreanischen Diktators, wurden sehr wahrscheinlich mit dieser Methode konserviert.

Schon länger war es Mitte des 20. Jahrhunderts üblich, Leichenteile in Plastikblöcke zu gießen. Gunter von Hagen kam die Idee, generell das Wasser in den Zellen durch Plastik zu ersetzen. Mit dieser »Plastination« wurde es möglich, Körper bei unveränderter Organgestalt aufrecht in verschiedensten Stellungen zu fixieren; die (oft heftig verurteilten) Ausstellungen »Körperwelten« haben zu Recht Abertausende von Besuchern fasziniert. Dass sie mittlerweile auf Druck von verschiedenen Seiten nicht mehr stattfinden, halte ich für sehr bedauerlich.

Thanatopraxie

Darunter versteht man die Gesamtheit der Verfahren, die notwendig sind, um einen Leichnam in einem einwandfreien und ästhetisch ansehnlichen Zustand zur Aufbahrung zu bringen. Dazu gehören zum einen kosmetische Korrekturen (beispielsweise nach Unfällen), etwa mit Wachsteilen, insbesondere aber konservierende Maßnahmen (*modern embalming*), um die Verwesungsprozesse so lange aufzuhalten, bis der Sarg endgültig geschlossen und der Tote dem Feuer oder der Erde übergeben wird. Dieses *modern embalming* geschieht in der Regel durch Austauschen des Blutes mit einer Formalinlösung. Ausgeführt wird es üblicherweise durch Bestatter, die eine Zusatzqualifikation erworben haben. Auch das Erstellen von Totenmasken gehört zu den Aufgaben von Thanatopraktikern.

2 Ungewöhnliche Todesfälle berühmter Persönlichkeiten

2.1 Vorbemerkungen

Gewaltsame Todesarten, zu denen wir die nicht auf Fremd-verschulden zurückgehenden Unfälle ebenso zählen wollen, gibt es viele und auch berühmte Personen sind natürlich betroffen. Von Hinrichtungen soll hier nicht die Rede sein, obwohl es gerade dazu reichlich Beispiele gäbe: Am bekanntesten ist sicher die des französischen Königs Ludwig XVI., dem seine Frau Marie Antoinette einige Jahre später aufs Schafott folgte. Aber auch Charles I., König von England, Schottland und Irland, wurde enthauptet, ebenso die schottische Königin Maria Stuart. Kaiser Maximilian von Mexiko, Bruder des österreichischen Kaisers Franz Joseph, wurde erschossen. Von Herrschern der neueren Zeit, die durch Henkershand aus dem Leben schieden, seien lediglich die Präsidenten Ceaușescu, Saddam Hussein und der pakistanische Premierminister Ali Bhutto genannt. Diverse Granden der französischen Revolution, darunter Robespierre und Danton, endeten unter der Guillotine, auf die sie selbst so viele andere geschickt hatten.

Auch Gelehrten und Philosophen blieb dieses Schicksal nicht erspart; so mussten Sokrates den Schierlingsbecher austrinken und Seneca auf Befehl Neros sich selbst töten; der neuplatonische Philosoph Boethius wurde wegen Hochverrats hingerichtet.

Kaum zu zahlen sind jene, welche im Kontext Religion ihr Leben lassen mussten. Erwähnt sei nur der letzte Großmeister des Templerordens, Jacques de Molay, der zusammen mit einem anderen Templerritter, Geoffroy de Charney, auf dem Scheiterhaufen brannte, ein Schicksal, das auch Jan Hus, Girolamo Savonarola und Giordano Bruno teilten, zudem der anglikanische Erzbischof Thomas Cranmer, der auf Befehl von Maria der Katholischen (der berühmten *Bloody Mary*) hingerichtet wurde. Zuvor hatte ihr anglikanischer Vater, Heinrich VIII. (der die Trennung von zwei seiner Ehefrauen durch den Scharfrichter vollziehen ließ), den Gelehrten Thomas More (Thomas Morus) aufs Schafott geschickt, weil dieser sich als Katholik weigerte, Heinrich als Kirchenoberhaupt anzuerkennen.

Auch zu diesen Toden ließen sich zwar Geschichten erzählen, etwa dass Thomas Morus den Henkersassistenten bat, ihm aufs Blutgerüst zu helfen, herunter werde er schon irgendwie kommen, und dass es dem Scharfrichter erst mit dem dritten Schlag gelang, das Haupt der Maria Stuart endgültig vom Leibe zu trennen. Dies soll aber nicht geschehen, weil es die Neigung befriedigen könnte, sich an Todesqualen zu weiden, wie es sich am Volksfestcharakter öffentlicher Hinrichtungen (in manchen Ländern sogar noch heute) in widerwärtigster Weise zeigt.

Während Hinrichtungen letztlich immer gelingen – wenn auch technisch nicht immer gleich gut –, ist bei Mord- und Attentatsversuchen der Ausgang sehr viel ungewisser, was sie ungleich spannender macht. Auch über Suizide lässt sich ergiebiger schreiben, weil ihnen eine in aller Regel tragische Vorgeschichte anhaftet.

2.2 Attentate

2.2.1 Vorbemerkungen und Beispiele

Attentate auf berühmte Persönlichkeiten, vornehmlich natürlich auf Herrscher und anderweitig politisch Tätige, gab es zuhauf, noch viel mehr jedoch missglückte Versuche. So wurden beispielsweise auf Bismarck 1866 Unter den Linden in Berlin aus nächster Nähe fünf Revolverschüsse abgegeben, die allerdings keine ernsthaften Verletzungen anrichteten; 1874 zielte man erneut auf ihn in Bad Kissingen, was aber nur zu einer leichten Handverletzung führte. Kaiser Wilhelm I. überlebte drei Attentatsversuche, Wilhelm II. deren zwei. Bevor Zar Alexander II. 1881 in Sankt Petersburg durch eine Bombe zerrissen wurde (►unten), hatte er bereits fünf versuchte Attentate überlebt, drei davon in den letzten beiden Jahren vor seinem Tod. Kaiser Franz Joseph von Österreich entging nur knapp und unter Verletzungen dem Tod durch das Messer eines ungarischen Schneidergesellen, den der Adjutant des Kaisers und ein herbeieilender Metzgergeselle an der Vollendung seiner Bluttat hindern konnten. Der Attentäter wurde eine Woche später durch den Strang hingerichtet; zur Erinnerung an das Ereignis wurde die Votivkirche errichtet, nach dem Stephansdom die größte in Wien.

Mehr als 30 Attentatsversuche auf Hitler sind dokumentiert, von denen – neben dem vom 20. Juli 1944 durch Graf Stauffenberg in der Wolfsschanze – das Bekannteste das im Münchner Bürgerbräukeller 1939 durch Georg Elser ist. Es misslang, weil Hitler entgegen dem ursprünglichen Zeitplan wenige Minuten zuvor das Gebäude verließ; acht Personen starben, mehr als 60 wurden verletzt.

Das Attentat auf Papst Johannes Paul II.

Ein Attentatsversuch, der – wäre er erfolgreich gewesen – den Lauf der Weltgeschichte wohl wesentlich beeinflusst hätte, war der auf Johannes Paul II. im Jahre 1981 durch Mehmet Ali Ağca. Es ist sicher keine allzu gewagte Spekulation, dass sich mit dem frühen Tod des Papstes der Zusammenbruch des Ostblocks (und damit die deutsche Wiedervereinigung) um Jahrzehnte verzögert hätte, vielleicht sogar bis heute nicht eingetreten wäre. Ağca, eine in schwerstem Maße persönlichkeitsgestörte Person, der bereits einige Jahre zuvor einen regierungskritischen türkischen Journalisten ermordet hatte, jedoch unter bis heute rätselhaften Umständen aus dem Gefängnis fliehen konnte, gehörte den rechtsradikalen »Grauen Wölfen« an. In seinen Memoiren (deren Wahrheitsgehalt in vielen Punkten als höchst zweifelhaft angesehen wird) gab er an, zu dem Mord persönlich vom iranischen Großayatollah Chomeini angestiftet worden zu sein. Wahrscheinlicher ist, dass die russische Militärführung – mit Kenntnis des damaligen Präsidenten Leonid Breschnew – den Auftrag dazu erteilte. Drei Schüsse feuerte der Attentäter auf den im offenen Papamobil den Petersplatz durchquerenden Pontifex ab, von denen zwei Finger und Schulter verletzten, einer in den Bauch traf, jedoch knapp neben der Wirbelsäule wieder austrat.

Das alles geschah am 13. Mai, dem Jahrestag, als die drei Hirtenkinder 1917 in Fatima ihre erste Marienerscheinung hatten. Der Papst, seit jeher ein großer Marienverehrer, war überzeugt, der Gottesmutter sein Überleben verdankt zu haben; er ließ die beinahe tödliche Kugel in eine Krone eingießen, die er ein Jahr später der Marienstatue in Fatima persönlich als Geschenk überbrachte. Dabei wurde ein zweites, weniger gefährliches Attentat auf ihn verübt, als ein ultrakonservativer Priester, Mitglied der Piusbruderschaft, mit einem Messer auf Johannes Paul einzustechen versuchte.

Natürlich gab es auch viele gelungene Attentate, welche aber zumeist wenig am Lauf der Weltgeschichte änderten: Nach der Ermordung des Diktators Caesar folgte ihm nach einigen Zeiten von Unruhe sein Großneffe Augustus, der erster römischer Kaiser wurde und genau das fortsetzte, was schon Caesar begonnen hatte, nämlich der römischen Republik ein Ende zu setzen.

Gaius Iulius Caesar und die Iden des März

Der Legende nach wurde Rom im Jahre 753 v. Chr. gegründet und zuerst etwa 250 Jahre lang von Königen beherrscht, bis es mit der Vertreibung des Tarquinius Superbus zur Republik wurde. Wesentlich an dieser Veränderung der politischen Landschaft soll ein gewisser Lucius Iunius Brutus mitgewirkt haben; der Name Brutus war seitdem gewissermaßen ein Symbol für die Abschaffung der Tyrannei.

Die Römische Republik und ihre Machtverhältnisse stellten ein kompliziertes Gebilde dar mit ihren beiden Konsuln, die für ein Jahr gewählt wurden und fast autokratisch regieren konnten, danach aber ihren Posten aufgeben mussten und dafür als Prokonsuln die (zeitlich wenig genau definierte) Herrschaft über eine Provinz erhielten. Zwar gab es zwischendurch diktatorische Phasen – so wurden beispielsweise Sulla die Vollmachten eines Diktators auf Lebenszeit angeboten (die er aber kurz vor seinem Tode niederlegte); trotzdem blieb Rom für etwa ein halbes Jahrtausend Republik.

Das heißt nicht, dass es sich um eine Demokratie im heutigen Verständnis handelte: Es gab immer wieder mächtige Männer oder Gruppierungen von Mächtigen. Eine solche war beispielsweise das 60 v. Chr. geschlossene Triumvirat mit dem militärisch begabten, insbesondere jedoch immens reichen Crassus, dem als Kriegsherrn begnadeten Gnaeus Pompeius und Julius Caesar, der bis dato vornehmlich als geschickt agierender Politiker in Erscheinung getreten war. Dies änderte sich allerdings, nachdem er im Jahre 59 v. Chr. Konsul wurde und anschließend mit bemerkenswerten Erfolgen in Gallien Krieg führte. 53 v. Chr. fiel Crassus in einer Schlacht gegen die Parther; Pompeius war zeitweise alleiniger Diktator, Caesar längst im Streit mit ihm. 49 v. Chr. überschritt Letzterer mit seinen Soldaten den berühmten Rubikon, es kam zum römischen Bürgerkrieg, in dem Pompeius unterlag und schließlich ermordet wurde – übrigens keineswegs mit Billigung Caesars, dessen Clementia (Nachsicht) berühmt war und die ihm schließlich zum Verhängnis wurde. Seither war Caesar der unbestritten mächtigste Mann. Wieweit er wirklich eine dauernde (möglicherweise sogar erbliche) Herrschaft anstrebte, wird von den Historikern kontrovers diskutiert. Entscheidend in unserem Kontext ist nur, dass viele Personen dies annahmen, darunter ein gewisser Marcus Brutus (dem Gerücht nach ein unehelicher Sohn des Herrschers) und Gaius Cassius, die sich bereits einmal gegen Caesar verschworen hatten, aber dank dessen sprichwörtlicher Clementia danach nicht das Leben verloren. Zusammen mit zahlreichen weiteren hochgestellten Persönlichkeiten beschlossen sie die gemeinsame Ermordung des vermeintlichen Tyrannen, und zwar bei der Sitzung des Senats an den Iden des März (dem 15. März) des Jahres 44 v. Chr., vor denen angeblich ein Seher Caesar eindringlich gewarnt haben soll (»cave Idus Martias«). Auch seine Gattin Calpurnia beschwor ihn, an diesem Termin das Haus nicht zu verlassen. Caesar wollte dies beherzigen, bis nach seinem Ausbleiben ein weiterer ihm Nahestehender, Decimus Brutus, im Hause auftauchte und dringend um sein Erscheinen bat.

Oppermann (2011, S. 155 ff.), der sich diesbezüglich nur auf die Caesar-Biografie Suetons[3] berufen kann (die erst eineinhalb Jahrhunderte nach den Geschehnissen geschrieben wurde), schildert, wie sich diverse Personen im Senat an Caesar herandrängten, um ihm dann Dolchstiche beizubringen, und zitiert seinen Gewährsmann: »Als er sah, daß er von allen Seiten mit gezückten Dolchen angegriffen wurde, verhüllte er das Haupt mit der Toga und zog zugleich mit der Linken deren Bausch bis zu den Unterschenkeln hinab, damit er anständig falle, mit bedecktem Unterkörper. So wurde er von dreiundzwanzig Stichen getroffen, gab aber nur beim ersten ein Seufzen ohne ein Wort von sich [...]. Als er das Leben ausgehaucht hatte, flohen alle auseinander. Eine Zeitlang lag er allein, dann legten ihn drei Sklaven auf eine Bahre und trugen ihn, während der eine Arm herabhing, nach Hause.«

Konsequenzenreicher war vermutlich die Ermordung des französischen Königs Heinrich IV. (Henri Quatre), der ursprünglich Hugenotte war, zur Erlangung der französischen Königswürde zwar zum Katholizismus übertrat, jedoch im Edikt von Nantes den Protestanten Religionsfreiheit gewährte; diese wurde von den späteren Königen zunehmend eingeschränkt. Schon Heinrichs Nachfolger Ludwig

---

3 Die Ereignisse wurden lange lediglich mündlich tradiert und erst mehr als ein Jahrhundert später von Plutarch und insbesondere von Sueton zu Papier gebracht. Insofern ist der berühmte Ausruf Caesars angesichts des Marcus Brutus: »καί σύ, τέκνον?« (auch du, [mein] Kind?), möglicherweise eine reine Legende.

XIII. ging schärfer gegen die militärische Macht der Hugenotten vor und unter Ludwig XIV., der offiziell das Edikt von Nantes aufhob, kam es zur Auswanderung bzw. Vertreibung eines Großteils der hugenottischen Bevölkerung.

In der Regel hatten die Attentate aber nur eine kurze Wirkung. Als der amerikanische Präsident Abraham Lincoln – welcher die Sklaverei abschaffte, im Sezessionskrieg die abtrünnigen Südstaaten wieder in die Union zurück zwang und die Vereinigten Staaten zu einem modernen Land ausbaute – bei einem Theaterbesuch ermordet wurde, setzen seine Nachfolger Lincolns Politik fort; Gleiches galt nach den tödlichen Schüssen 1963 auf John F. Kennedy in Dallas (▶ Abschn. 2.2.4).

Nachdem der russische Zar Alexander II., den man eher als libertär und fortschrittlich beschreiben könnte, nach mehreren vergeblichen Attentatsversuchen schließlich doch durch eine Bombe zerrissen wurde (an jener Stelle in Sankt Petersburg, wo die der Moskauer Basilius-Kathedrale nachempfundene Auferstehungskirche errichtet wurde), folgte ihm sein Sohn als Alexander III. auf den Zarenthron, dessen Politik ganz sicher noch weniger im Sinne der Verschwörer war.

Auch die politischen Attentate des 20. Jahrhunderts in Deutschland hatten keine wesentliche Wirkung: Kurt Eisner, der linksgerichtete erste Ministerpräsident Bayerns, hatte krachend eine Wahl verloren, war am Ende seiner politischen Karriere und trat gerade den Weg zum Landtag an, um seinen Rücktritt zu verkünden, als er erschossen wurde – nichts als ein Racheakt und ein Akt der Selbstinszenierung. Der Jude Walther Rathenau, dem man (sicher zu Unrecht) vorwarf, ein Erfüllungsgehilfe der Siegermächte des Ersten Weltkriegs zu sein, wurde 1922 von Rechtsradikalen erschossen. Ebenfalls das Opfer von

Rechtsradikalen wurde ein Jahr zuvor der deutsche Finanzminister Matthias Erzberger. Auch die Ermordung des von Thomas Mann »Bluthund« genannten Reinhard Heydrich, der mit der Endlösung der Judenfrage betraut war, im Jahre 1942 hatte lediglich zur Folge, dass das tschechische Dorf Lidice, in dem sich die Attentäter zuletzt aufgehalten hatten, zerstört wurde und ein Großteil seiner Einwohner zu Tode kam – am Genozid änderte diese nichts.

Ein einziges Attentat hatte wirkliche politische Folgen, nämlich den Ausbruch des Ersten Weltkriegs, der indirekt den Zweiten Weltkrieg nach sich zog und damit Abermillionen das Leben kostete. Es war jenes Attentat, das am 28. Juni 1914 auf den österreichischen Thronfolger Franz Ferdinand und seine Frau in Sarajewo verübt wurde. Dabei war es so absehbar und vermeidbar und ein einziges Missverständnis trug Schuld, dass es erfolgreich war. Die Darstellung folgt hier im Wesentlichen den Monografien von Pauli (1966) und Weissensteiner (1994) sowie hinsichtlich einiger Passagen dem äußerst gelungenen Buch von McGuigan (1991).

2.2.2 Das Attentat von Sarajewo

Die längere Vorgeschichte

Sarajewo ist die größte Stadt und Hauptstadt eines heute selbstständigen Staates Bosnien-Herzegowina, wobei Bosnien mit Sarajewo nördlich, die wesentlich kleinere Herzegowina (mit erheblichem kroatischem Bevölkerungsanteil und der größten Stadt Mostar) südlich liegt. Wie große Teile des Balkans (bis hoch zu den Grenzen von Österreich-Ungarn) wurde die Region im 15. Jahrhundert durch die Türken erobert und war damit Teil des Osmanischen Reiches. Anders als in den meisten Balkanregionen konvertierten in Bosnien-Herzegowina viele Christen zum Islam, was dieser Provinz eine gewisse Sonderstellung im balkanischen osmanischen Reich verschaffte. Nach der verlorenen Schlacht am Kahlenberg bei Wien im Jahre 1685 wurde der Einfluss der Türken auf dem Balkan bereits geringer und ging mit dem Sieg der Russen im Russisch-Osmanischen Krieg Ende der 1870er-Jahre endgültig verloren. Schon unmittelbar nach dessen Ende mussten sie die Souveränität von Rumänien, Serbien und Montenegro anerkennen. Zudem sollte ein stark mit Russland assoziierter Großbulgarischer Staat geschaffen werden, der vom Schwarzen Meer bis an die Ägäis und weit nach Westen reichte.

Auf dem Berliner Kongress 1878 wurde die Situation insofern geregelt, als Österreich-Ungarn gestattet wurde, Bosnien-Herzegowina zu besetzen, also zu seinem Protektorat zu machen. Dies war sicher im Sinne der dort lebenden römisch-katholischen Kroaten, denn die Provinz Kroatien gehörte schon seit langer Zeit zur k.u.k.-Monarchie, sicher – nach dem gerade verlorenen Krieg gegen Russland – eher im Interesse der osmanischen Bevölkerung, ganz und gar nicht jedoch der orthodoxen Serben, die in Bosnien die deutliche Mehrheit der Bevölkerung bildeten und sich Russland wesentlich näher fühlten, umso mehr, als dessen Sieg über die Türken die Bildung des Staates Serbien erst ermöglicht hatte. 1908 entschloss sich Österreich-Ungarn, Bosnien-Herzegowina zu annektieren und damit Serbiens Ambitionen auf diese Region bis auf Weiteres zunichte zu machen. Als Kaiser Franz Joseph 1910 Sarajewo besuchte, geschah dies unter aufwendiger militärischer Abschirmung.

Zur weiteren Vorgeschichte gehört auch die Tatsache,

dass in jenen Jahren die Thronfolge in Österreich-Ungarn höchst konfliktreich war. Aus der Ehe des Kaisers Franz-Joseph mit Elisabeth (Sisi) wurden – abgesehen von der früh verstorbenen Sofie – zwei Mädchen geboren sowie Rudolf, welcher der natürliche Thronfolger war, sich jedoch 1889 im Rahmen eines Doppelselbstmords umbrachte (▸ Abschn. 2.4.2 zur Tragödie von Mayerling). Erster Thronanwärter war nun Franz Josephs jüngerer Bruder Karl Ludwig, der aber – von deutlich schwächerer Konstitution als der Kaiser – lange vor ihm starb, womit seinem Sohn Franz Ferdinand diese Rolle zukam. Dieser hatte sich jedoch in die Gräfin Sophie Chotek verliebt, eine, vom Standpunkt des habsburgischen Erzhauses gesehen, Hofdame von niedrigem Adel und daher nicht geeignet, mit ihren späteren Kindern in dieses aufgenommen zu werden. Da Franz Ferdinand weder beabsichtigte, auf die Thronfolge noch auf die Heirat zu verzichten, kam es unter der zähneknirschenden Zustimmung des Familienoberhaupts am 28. Juni 1900 – auf den Tag, sogar auf die Stunde genau 14 Jahre vor dem Attentat in Sarajewo – zur feierlichen Unterzeichnung der Verzichtserklärung: Franz Ferdinand sollte Thronfolger bleiben; im Falle einer Heirat mit Sophie – dem zu erwartenden Fall – sollte seine Frau nicht dem Erzhause Habsburg angehören und die Kinder von der Thronfolge ausgeschlossen werden. Zwar wurde Sophie – als kaiserliches Hochzeitsgeschenk – in den Stand einer Herzogin von Hohenberg erhoben, hatte im Hof jedoch weiterhin eine niedrige Stellung inne und wurde dort demonstrativ verächtlich behandelt; eben solches geschah ihrem Mann vonseiten jener blasierten Hofbeamten, die ihr Dasein dem Wohlwollen Franz Josephs verdankten. Auch der Kaiser machte kein Hehl aus seiner Unzufriedenheit mit der Situation. Die Hochzeit fand nicht in Wien statt, sondern in der Kapelle des Schlosses im böhmischen Reichstadt, vollzogen vom Dorfpfarrer. Franz Joseph hatte den Tod einer unbedeutenden Person des erzherzoglichen Hauses als Vorwand genutzt, eine Staatstrauer anzuordnen, womit es den Angehörigen des Hauses Habsburg leichtfiel, ihre Abwesenheit bei der Trauung zu entschuldigen. Nur die Stiefmutter Franz Ferdinands war anwesend, nicht dessen Brüder und schon gar nicht der Kaiser selbst.

So lebte der Thronfolger mit seiner »morganatischen« (nicht standesgemäßen) Ehefrau die nächsten 14 Jahre glücklich und schnell kamen auch drei Kinder zur Welt. Er war viel beschäftigt, hatte aber nichts zu sagen. Übrigens hegte er durchaus Sympathie für die slawische Bevölkerung und plante sogar nach seiner Regierungsübernahme, die Doppelmonarchie in eine Tripelmonarchie zu verwandeln.

Die unmittelbare Vorgeschichte

1914 wurde es Zeit für die Obrigkeit, in Bosnien-Herzegowina wieder einmal Präsenz zu zeigen. Die Militärführung hatte die Pläne bereits Mitte 1913 ausgearbeitet, der Kaiser sie gebilligt; dem mittlerweile 84-Jährigen konnte man die Ausführung nicht mehr zumuten, sodass der Thronfolger diese Aufgabe übernehmen musste. Zunächst dürfte er damit nicht ganz unzufrieden gewesen sein, gab sich so die Gelegenheit, seine Frau an seiner Seite wie eine künftige Kaiserin aussehen zu lassen. Erst sollten nahe der serbischen Grenzen Manöver durchgeführt werden, die Franz Ferdinand inspizierte; danach war ein Besuch von Sarajewo mit einer offiziellen Fahrt durch die Stadt geplant. Zunehmend kamen ihm aber Bedenken; er hatte Angst um seine Gesundheit bei der zu erwartenden Hitze, litt außerdem unter bösen Vorahnungen. Dies umso mehr, als eine in Chicago erscheinende serbische Zeitung schon im Dezember 1913 geschrieben hatte: »*Der österreichische Thronfolger hat für das Frühjahr seinen Besuch in Sarajewo angesagt. Jeder Serbe möge sich das merken. Wenn der Thronfolger nach Bosnien will, bestreiten wir die Kosten [...] Serben, ergreift alles, was Ihr könnt, Messer, Gewehre, Bomben und Dynamit. Nehmet heilige Rache! Tod der Habsburgerdynastie.*« (zit. nach McGuigan 1991, S.603) Auch gab es in der Republik Serbien – unbestritten mit Wissen und wohl Unterstützung der Regierung sowie mächtiger russischer Kreise – den mächtigen Verschwörerbund »Schwarze Hand«, der gezielt auf die Ermordung des Thronfolgers hinarbeitete, und zwar gerade wegen seiner slawenfreundlichen Gesinnung. Sollte es nämlich gelingen, dieser mächtigen Bevölkerungsgruppe im Habsburgergebiet eine adäquate politische Position zu verschaffen, wären vermutlich die Träume von einem serbischen Großreich (mit nachträglicher Einverleibung von Bosnien-Herzegowina) beendet gewesen. Ein Ableger der »Schwarzen Hand« war eine Gruppe nationalserbischer Jugendlicher, u. a. Gavrilo Princip, der spätere Attentäter, welche mithilfe der serbischen Grenzpolizei schon lange vor dem Besuch Franz Ferdinands Waffen und Dynamit nach Bosnien geschafft hatten. Die Ängste des Thronfolgers waren also mehr als begründet und er suchte den alten Kaiser auf, um mit ihm noch einmal die Notwendigkeit des Unternehmens zu diskutieren, genauer: zu bitten, ihn von dieser Verpflichtung zu entheben. Dieser gab ihm sinngemäß die Antwort: Halte es, wie du willst, riet also nicht explizit ab, und Franz Ferdinand musste dies als Aufforderung ansehen, das einmal Beschlossene durchzuführen. Gleichzeitig hatte der serbische Gesandte in Wien diplomatische Kreise vor einem versuchten Attentat gewarnt und das musste natürlich auch dem Kaiser bekannt sein; der alte Herr schickte also sehenden Auges seinen ungeliebten Neffen ins Verderben.

Am 23. Juni verabschiedeten sich Franz Ferdinand und Sophie ganz herzlich von ihren Kindern, fuhren gemeinsam mit der Eisenbahn nach Wien, wobei unter den vermutlich heiß gelaufenen Achsen ihres Waggons plötzlich – wie ein böses Omen – Rauchsäulen aufstiegen. In Wien trennten sich die Wege des Paares, das sich erst in einem Kurort bei Sarajewo wiedersehen sollte. Auf der Fahrt des Thronfolgers mit einem weiteren Zug fiel plötzlich die Beleuchtung aus, Kerzen mussten angezündet werden und Franz Ferdinand kommentierte bitter-spöttisch die Grabatmosphäre. Die nächsten Tage verliefen problemloser: Franz Ferdinand wurde in Mostar in der Herzegowina freundlich empfangen und beobachtete die Manöver, über die er sich sehr zufrieden äußerte. Am 27. gab das mittlerweile wieder vereinigte Paar ein großes Diner, das offensichtlich alles andere als voll von Befürchtungen, eher sogar aufgeräumt, verlief.

Das Attentat

Der 28. Juni 1914 war ein Sonntag und das Thronfolgerehepaar wohnte einer Messe bei, die für sie privat in ihrem Hotelzimmer gelesen wurde. Um solch tragischen Ereignisse ranken sich rasch Mythen, und einer, der bei Pauli (1966, S. 338 f.) wiedergeben ist, war folgender: Zur selben Stunde habe Sophies Seelsorger, Bischof Lanyi, mehrere Hundert Kilometer entfernt eine plötzliche Messe für die beiden angesetzt. Er war von einem Traum erschreckt aufgewacht, in dem ganz oben auf der eingegangenen Post ein Brief lag, in einem Umschlag mit schwarzem Rand und schwarzem Siegel des Thronfolgers, folgenden Inhalts:

»Euer bischöfliche Gnaden! Lieber Dr. Lanyi! Teile Ihnen hiermit mit, dass ich heute mit meiner Frau in Sarajewo als Opfer eines Meuchelmordes falle. Wir empfehlen uns Ihren frommen Gebeten und heiligem Meßopfer und bitten Sie, unseren armen Kindern auch fernerhin in Liebe und Treue so ergeben zu bleiben wie bisher. Herzlichst grüßt Sie Ihr Erzherzog Franz. Sarajewo, 28. Juni 1914, halb vier morgens.«

In den Morgenstunden begab sich das Ehepaar nach Sarajewo, wo die Fahrt in sechs Wagen entlang des Menschenspaliers die schon seit langer Zeit detailliert bekannt gegebene Route nahm. Die Sicherheitsmaßnahmen waren lächerlich: Gerade 120 (in der Mehrzahl serbische) Polizisten waren in der 70000 Einwohner zählenden Stadt für die Absicherung zuständig, kein einziger Soldat war anwesend – geschweige ganze Garnisonen wie beim Besuch Kaiser Franz Josephs vier Jahre zuvor – und mehrere Augenzeugen merkten an, wie nachlässig die Polizei ihren Pflichten nachkam, kaum auf die Menschenmenge achtete. Im ersten Wagen saßen der Polizeikommissar und der Bürgermeister, im zweiten der Erzherzog und seine Frau mit einigen Würdenträgern, im folgenden Auto u. a. ein Adjutant Merizzi.

Sarajewo wird von dem eher schmalen Fluss Miljacka durchzogen, längs dessen der Altstadt zugewandten Seite der Appel-Kai verläuft, die breiteste und eine der Hauptverkehrsstraßen der Stadt. Über den Fluss führen natürlich mehrere Brücken, so die Lateinerbrücke, nach deren Überquerung und Kreuzung des Appel-Kais man über die Franz-Joseph-Straße in die Altstadt gelangt. Als der Konvoi auf dem Appel-Kai fuhr, traf ein kleiner schwarzer Gegenstand den Hals der Herzogin, verletzte sie leicht, wobei Franz Ferdinand geistesgegenwärtig den Gegenstand ergriff und ihn nach hinten schleuderte. Er landete vor dem dritten Wagen, wo er explodierte; es handelte sich also um eine Bombe, welche den Adjutanten Merizzi schwer verletzte, der sofort in ein Krankenhaus gebracht wurde. Die Fahrt wurde rasch fortgesetzt zum Rathaus, wo Franz Ferdinand den Bürgermeister anschrie: »Da kommt man nach Sarajewo als Vertreter des Kaisers – und wird mit Bomben empfangen«, dann aber die vorbereiteten Begrüßungsreden mit Fassung über sich ergehen ließ.

Diskussionen ergaben sich natürlich, wie im Weiteren vorzugehen sei. Begleiter des Thronfolgers forderten die sofortige Räumung der Stadt durch die Soldaten, welche am gerade beendeten Manöver teilgenommen hatten. Die lokalen Behörden hingegen hielten die Attentatsgefahr nun für gebannt; wenig abwegig ist die Vermutung, dass nicht k.u.k.-Truppen vor der unstandesgemäßen Frau Franz Ferdinands strammstehen sollten. Also beließ man die Stadt wie sie war: voll von einer neugierigen Menge und einigen aus Serbien eingeschleusten, auf das Attentat gierigen, fanatisierten jungen Männern. Vor dem geplanten Mittagsmahl fuhr, auf ausdrücklichen Wunsch des Erzherzogs, der Konvoi in der gleichen Formation wieder den Appel-Kai entlang, diesmal in Richtung Garnisonsspital, um nach dem Befinden Merizzis zu sehen, wobei Sophie sich nicht davon abhalten ließ, ihren Gatten zu begleiten. Dem im ersten Wagen sitzenden Polizeikommissar war eindrücklich eingeschärft worden, den Appel-Kai nicht zu verlassen. Trotzdem bog der erste Wagen auf Höhe der Lateinerbrücke in die Franz-Joseph-Straße ab, der Chauffeur des zweiten Wagens folgte ihm, hielt aber auf das Gebrüll des örtlichen Kommandeurs an, um zu wenden. Dabei stand der Wagen mit dem Thronfolgerehepaar still – und Gavrilo Princip, ein bosnischer Serbe,

Abb. 2-1   Das Attentat von Sarajewo.

welcher die letzten Jahre in Belgrad gelebt hatte und explizit zur Durchführung des Attentats in seine Heimat-
stadt zurückgekehrt war, konnte aus nächster Nähe in
aller Ruhe seine Revolverschüsse auf das erzherzogliche
Ehepaar abgeben, die binnen weniger Minuten verstarben
(► Abb. 2-1).

Was danach geschah

Um den ohnehin schon umfangreichen Abschnitt nicht
weiter zu verlängern, soll das entwürdigende Schicksal des
toten Thronfolgerehepaars erst später geschildert werden
(► Kap. 3.5). Eines der ersten Telegramme erreichte natür-

lich den Kaiser in Wien, der die Nachricht zwar mit gewisser Betroffenheit, jedoch bemerkenswert gefasst aufnahm. Tatsächlich hätte ihm nichts Besseres passieren können: Der ungeliebte, in morganatischer Ehe lebende Franz Ferdinand war aus dem Wege; mit Erzherzog Karl, Franz Josephs Großneffen, stand als Nächster in der Thronfolge ein sympathischer junger Mann bereit, der mit Zita von Bourbon-Parma eine standesgemäße Ehe eingegangen war und nach Franz Josephs Tod 1916 letzter österreichischer Kaiser wurde.

Der Attentäter Gavrilo Prinzip und der Bombenwerfer versuchten noch auf der Stelle vergeblich, sich mit Gift umzubringen. Man verhaftete sie und verhörte sie eingehend, wobei herauskam, dass es noch weitere Beteiligte gab, meist bosnische Serben, die aber ihre letzte Schulung in Serbien selbst erhalten hatte. Die Volljährigen wurden zum Tode verurteilt und durch den Strang hinrichtet, der erst 19-jährige Princip zu lebenslanger Haft verurteilt; eine Gnade war das nicht gerade, denn er verbrachte seine Zeit mit Ketten an die Wand einer dunklen Einzelzelle gefesselt, wo er 1918 an Tuberkulose starb.

Was politisch nun passierte, ging als Julikrise in die Geschichtsbücher ein und wird heute kontroverser denn je diskutiert. Dass sich die Attentäter zuletzt in Serbien aufgehalten hatten, dort indoktriniert und geschult wurden, war unzweifelhaft. Weniger klar war, wieweit höchste Regierungskreise in Belgrad in die Angelegenheit eingeweiht waren, obwohl das heute kaum mehr bestritten wird. In der k.u.k.-Monarchie verhielt man sich ausgesprochen zögerlich. Erst Mitte Juli wurde ein Ultimatum an Serbien beschlossen, die Aufklärung des Attentats und die Verhinderung weiterer antiösterreichischer Aktivitäten betreffend. Ob es wirklich von vornherein als unannehmbar formuliert worden war, ist nicht mehr so unumstritten wie einst. Schließlich nahm es die Regierung in Belgrad nicht an und Österreich-Ungarn erklärte am 28. Juli 1914, genau einen Monat nach dem Attentat, Serbien den Krieg. So lobenswert es war, den Konflikt diplomatisch zu lösen, militärisch war das Vorgehen für die k.u.k.-Monarchie nachteilig. Russland als sicherer Bundesgenosse Serbiens hatte Zeit genug für eine Zusammenziehung seiner Truppen an den Grenzen zu den Habsburger Kronländern und die ersten Schlachten in Galizien im Norden des Vielvölkerstaates waren für das österreichisch-ungarische Militär ein Fiasko.

Wie es weiterging, bis sich Österreich-Ungarn und Deutschland auf der einen Seite, Russland, Frankreich und England (mit ihren Verbündeten) auf der anderen Seite im Ersten Weltkrieg gegenüberstanden, der fast 20 Millionen Tote forderte, ist nicht Gegenstand dieses Buches. Sicher ist: Wäre der Wagen mit dem Thronfolger nicht falsch in die Franz-Joseph-Straße eingebogen, sähe die Welt heute ganz anders aus.

2.2.3 Ein sinnloses Attentat: Der Mord an der österreichischen Kaiserin Elisabeth

Attentäter handeln – wenigstens in ihrem eigenen Bezugsschema – meistens durchaus rational, bedenken zwar oft nicht genügend die Folgen ihrer Tat, haben aber doch eine klare Vorstellung, was sich nach erfolgreichem Abschluss ändern sollte. Nicht so war das bei der Messerattacke auf Elisabeth von Österreich-Ungarn in Genf; es war bestenfalls eine Bluttat, die den Herrschenden zeigen sollte, dass sie nie und nirgendwo ihres Lebens sicher waren – was diese ohnehin schon gewusst haben dürften.

Elisabeth aus einer Nebenlinie der Wittelsbacher, Tochter von Erzherzog Max in Bayern, wurde 1837 geboren. Zwangsläufig hatte sie das pathologische Erbmaterial der Wittelsbacher in sich, welches sich schon Jahrhunderte zuvor manifestierte und in den schizophrenen Brüdern, den Königen Ludwig II. und Otto I. von Bayern, seinen sichtbarsten Ausdruck fand. Schon mit 15 Jahren wurde sie mit dem österreichischen Kaiser Franz Joseph verlobt, für den eigentlich ihre ältere Schwester vorgesehen war, der sich aber unsterblich in »Sisi« (in den berühmten Ernst-Marischka-Filmen der 1950er-Jahre heißt sie »Sissi«) verliebte und sie in einer pompösen Hochzeit 1854 ehelichte. Die Liebe war vonseiten der Braut offenbar weniger groß. Immerhin brachte sie aber mit gerade 17 Jahren ihr erstes Mädchen zur Welt (das nicht lange leben sollte), bald darauf eine zweite Tochter, schließlich den ersehnten Thronfolger Rudolf (dessen Selbstmord 1889 in Abschn. 2.4.2 geschildert wird). Danach suchte Elisabeth praktisch für zwei Jahre das Weite, nicht zuletzt aufgerieben durch die ständigen Auseinandersetzungen mit ihrer Schwiegermutter, und ließ ihre Kinder in der Hand zweifelhafter Erzieher zurück. Anschließend blieb sie längere Zeit in Wien, minimierte ihre Repräsentationspflichten – hierbei in eigenartiger Weise an ihren Großcousin, Ludwig II. von Bayern, erinnernd (▸Abschn. 2.5.3) –, brachte aber immerhin eine weitere Tochter zur Welt und war maßgeblich an der Einigung mit den aufrührerischen Ungarn und der Schaffung der österreichisch-ungarischen Doppelmonarchie (der k.u.k.-Monarchie) beteiligt.

Damit betrachtete Sisi jedoch ihre Majestätspflichten für mehr oder weniger beendet. Speziell nach dem Selbstmord ihres einzigen Sohnes Rudolf wurde sie immer versponnener, neigte dem Spiritismus zu, reiste ruhelos und verschwendete Geld[4], baute beispielsweise das Achilleion auf der griechischen Insel Korfu, das sie so gut wie nie bewohnte. Vor allem pflegte sie einen ausgesprochenen Körperkult. In ihrer Jugend und den frühen Frauenjahren allen Berichten nach eine ausgesprochene Schönheit, versuchte sie, vor allem durch extremes Fasten und Bewegung, ihr Aussehen zu erhalten, was ihr allerdings immer weniger gelang, sodass sie sich typischerweise nur mehr mit verhülltem Gesicht zeigte.

Im Spätsommer 1898 hatte die Ruhelosigkeit Sisi in die französische Schweiz geführt; sie besuchte u. a. eine Bekannte in Genf, stieg dort im berühmten Hotel »Beau Rivage« ab, was in den Zeitungen berichtet wurde. Diese Zeitungsnotiz las auch der in der Schweiz arbeitende Luigi Lucheni, der zuvor nach Genf gereist war, um Henri Philippe Marie d'Orléans zu ermorden – was allerdings daran scheiterte, dass der Prinz kurzfristig seine Pläne änderte und den Aufenthalt in Genf strich. Lucheni war ein italienischer Hilfsarbeiter, der sich dem Anarchismus verschrieben hatte und einen besonderen Groll auf den Adel hegte, auch unbedingt eine Person aus diesem Kreis ermorden wollte. Am Mittag des 10. September war die Kaiserin im Begriff, das Linienschiff nach Montreux betreten, als Lucheni sich an ihr vorbeidrängte und ihr eine Feile in die

---

4 Das Geld kam natürlich von ihrem Mann, dem Kaiser Franz Joseph. Dessen Onkel, Kaiser Ferdinand, der zugunsten Franz Josephs 1848 auf den Thron verzichtete, hatte durch geschickte Verwaltung seiner böhmischen Güter das Vermögen des Hauses Habsburg gewaltig vermehrt. Ferdinand hatte zwar einen ausgeprägten Wasserkopf und war Epileptiker, dürfte aber keineswegs so geistesschwach gewesen sein, wie es immer wieder zu lesen ist (s. dazu Köhler 2017, S. 11 ff.).

linke Brust stieß. Elisabeth fiel hin, fühlte sich aber noch wohl und hielt das Ganze für eine Rempelei.

Trifft ein Messer die Herzmuskulatur schwer, stellt das Organ unmittelbar seine Tätigkeit ein, allein schon deswegen, weil die Erregungsbildung bzw. -leitung nicht mehr funktioniert. Bei einer kleinen Stichverletzung jedoch kann das Herz zunächst weiterarbeiten und das Blut in die Hauptschlagader und die Lungenarterie pumpen. Allerdings tritt ein kleiner Teil davon aus dem Hohlorgan aus, gelangt in den es umgebenden Herzbeutel (das Perikard) und füllt diesen mehr oder weniger schnell, sodass das Herz zunehmend komprimiert wird: Es kommt zur Herzbeuteltamponade.

Genau das war bei der Kaiserin der Fall. Sie erhob sich, ging auf das Schiff, als sie zunehmend blasser wurde, zusammensank und etwa 20 Minuten später starb. Der Obduktionsbericht ist bei Bankl (1999a, S. 70 ff.) wiedergegeben und ins Deutsche übersetzt. Die Schlussfolgerung im Autopsieprotokoll lautete:

»Der Tod wurde ohne Zweifel durch das fortschreitende und langsame Ausfließen einer Blutmenge verursacht, deren Quantität das Herz komprimierte und seine Funktion unterbrach. Die Feststellung des umfangreichen Blutgerinnsels, welches das Perikard ausfüllt, ist der absolute Beweis.« (zit. nach der Übersetzung von Bankl 1999a, S. 79 f.)

Bankl (dem die obige Darstellung auch weitgehend gefolgt ist), schließt mit den Worten:

»Elisabeth ist so einsam gestorben, wie sie es sich gewunscht hatte. In ihrem Testament bestimmte sie zwar, auf Korfu beigesetzt zu werden, aber das ließ die Tradition der Habsburger nicht zu. Der Leichnam wurde in Genf einbalsamiert und am 16. September 1898 in der Kapu-

zinergruft beigesetzt, mit allem Prunk des von Elisabeth
so verabscheuten spanischen Zeremoniells.« (zit. nach
Bankl 1999a, S. 79 f.)

Die Kapuzinergruft in Wien

Dass der Orden der Kapuziner seit langer Zeit mit der »Betreuung«
von Leichnamen zu tun hatte, wurde bereits in Kapitel 1.3.3 erwähnt
und u. a. auf die Kapuzinergruft in Palermo verwiesen, deren Skur-
rilität wenige unberührt lassen dürfte. Die bekannteste Kapuzinergruft (auch geläufig unter dem Namen Kaisergruft) ist jedoch die in
Wien unter dem Kapuziner-Kloster am Neuen Markt, in der die
Leichname zwar unspektakulär verborgen in Sarkophagen liegen, die
aber ein einzigartiges historisches Monument darstellt.
Gründer der Gruft waren der Kaiser Matthias und seine Frau Anna
zu Beginn des 17. Jahrhunderts. Seither liegen in dem wiederholt erweiterten unterirdischen Gewölbe weit mehr als 100 Angehörige des
Hauses Habsburg, darunter auch sämtliche Habsburger Kaiser des
Heiligen Römischen Reiches Deutscher Nation sowie die des Kaiser-
reichs Österreich. Eine Ausnahme macht Karl, der letzte österreichische Kaiser, der im Exil auf Madeira verstarb und dort begraben liegt.
Hingegen fanden dessen Gemahlin Zita von Bourbon-Parma sowie
deren ältester Sohn Otto von Habsburg in der Kapuzinergruft ihre
letzte Ruhestätte.
Nicht ruht dort der in Sarajewo ermordete Thronfolger Franz Ferdinand, dessen »morganatischer« Ehefrau Sophie von Chotek im Hei-
ratsvertrag das Recht auf Beisetzung in diesem illustren Rahmen
verweigert worden war; er verfügte, neben seiner Gattin in der
Gruftkapelle von Schloss Artstetten in Niederösterreich bestattet zu
werden (▸ auch Kap. 3.5).

Da es im Kanton Genf damals bereits nicht mehr die Todesstrafe gab, wurde Lucheni zu lebenslanger Haft verurteilt. Er selbst soll seine Auslieferung nach Italien gefordert
haben, um dort zum Tode verurteilt zu werden und vor
dem Gang auf die Guillotine noch einen großen Auftritt zu
haben. So erhängte er sich unspektakulär nach zehn Jahren im Kerker.

2.2.4 Das Attentat von Dallas

Es ist das (eine Einzelperson treffende) Attentat, welches auf unsere Generation den größten Eindruck gemacht hat; ich erinnere mich noch gut, wie ich als vierzehnjähriger Gymnasiast die Nachricht vom Tod des amerikanischen Präsidenten aus dem Radio erfuhr.

Zur Vorgeschichte

Kennedy, ein glänzend aussehender Mann, der auch ungezählte, eher kurzlebige Frauengeschichten hatte – u.a. mit Marylin Monroe –, war keineswegs so gesund, wie er wirkte. Bankl (1999a, S. 218 ff.) liefert einen genauen Bericht seiner Krankengeschichte: Schon seit der Kindheit hatte er schwere Wirbelsäulenprobleme; hinzu kamen zwei traumatische Rückenschäden, einer im Rahmen eines Sportunfalls, der andere bei einem Schiffsunglück während des Krieges. Zudem litt er an der eher seltenen Addison-Krankheit (Morbus Addison), einer eingeschränkten Leistungsfähigkeit der Nebennierenrinde, welche u.a. mit verminderter Produktion der lebenswichtigen Hormone Cortisol und Cortison einhergeht. Wahrscheinlich wäre er ohnehin nicht sehr alt geworden.

1960 gewann er die Wahl als demokratischer Präsidentschaftskandidat knapp gegen Richard Nixon und trat zu Beginn des darauffolgenden Jahres sein Amt an. Es war die Zeit des Kalten Krieges – bekanntlich wurde am 13. August 1961 mit dem Bau der Mauer begonnen und auch die berühmte Kuba-Krise 1962 fiel in seine Amtszeit; damit gab es natürlich internationale Spannungen und auch im eigenen Land hatte Kennedy keineswegs nur Freunde. Trotzdem gab es keinen Anhalt, dass das Leben des Präsidenten besonders bedroht war.

Das unmittelbare Geschehen

Bekanntlich wurden auf den Präsidenten, als er zusammen mit seiner Frau Jacqueline (Jackie) am 22. November 1963 in einer offenen Limousine durch eine breite, von Menschenmassen gesäumte Straße in Dallas (Texas) chauffiert wurde, aus etwa 80 Meter von einem Hochhaus zwei Schüsse abgegeben. Die Theorie, dass es drei waren, von denen einer sein Ziel verfehlte, ist nicht völlig zu widerlegen, konnte aber nie empirisch erhärtet werden. Der erste Treffer war nicht tödlich, der zweite durchschlug den Schädel von hinten; eine halbe Stunde später wurde Kennedy offiziell für tot erklärt.

Was danach geschah

Wenig Zweifel besteht darüber, dass der Schütze ein gewisser Lee Harvey Oswald war, obwohl der nie ein Geständnis ablegen, geschweige denn seine Motive erklären konnte. Er wurde nämlich zwei Tage später von einem Jack Ruby erschossen, der sich hartnäckig über sein Motiv ausschwieg, zu lebenslangem Gefängnis verurteilt wurde und nach wenigen Jahren Haft an Krebs starb.

Lee Harvey Oswald, der zumindest zeitweise Symptome aufwies, die für Störungen des schizophrenen Formenkreises charakteristisch sind (insbesondere Verfolgungswahn), war während seiner Militärzeit zum Scharfschützen ausgebildet worden. Er fasste nie richtig Fuß und arbeitete zuletzt in einer untergeordneten Stellung in einem Schulbuchverlag, wo er Zugang zu einem Raum hatte, der sich ideal für Schüsse auf die bewusste Straße eignete. Bankl, dem diese Darstellung folgt, schrieb treffend: »*Es war einer der unheimlichen Zufälle der Geschichte, daß Oswalds Arbeitsplatz zugleich der denkbar günstigste Standort für einen Scharfschützen war, der ein Auto unterhalb*

des Hochhauses treffen wollte.« (Bankl 1999a, S. 232) Der
Verdacht hatte sich schnell auf ihn konzentriert; vor seiner
Festnahme erschoss er noch einen Polizisten, befand sich
aber eine Stunde nach dem Attentat in sicherem Polizei-
gewahrsam. Seine Täterschaft war unzweifelhaft: Im fünften Stock des Gebäudes wurden ein Stapel von Bücher-
kisten gefunden, der als Schießstand diente, zudem ein
Gewehr, das Oswald gehörte, auch dessen Handabdrücke
trug und eindeutig die Tatwaffe war. Ein konkretes politi-
sches Motiv war nicht sicher auszuschließen, umso mehr,
da Oswald wegen prosowjetischer Neigungen aus der Armee unehrenhaft entlassen worden war und sich danach
für einige Zeit in der Sowjetunion aufhielt (wo er auch
seine spätere Frau kennenlernte). Das Geschehen war aber
wohl eher auf den gestörten Geisteszustand des Täters zurückzuführen und wurde sicher nicht zuletzt durch die
Tatsache »getriggert«, dass Oswalds Frau, von der er schon
länger getrennt lebte, ihm einen Tag vor dem Präsidenten-
besuch endgültig den Laufpass gegeben hatte.

Zwar war Harveys Todesursache klar, die Hintergrün-
de wurden aber von den eingesetzten Kommissionen nie
restlos aufgeklärt. Man kam letztlich zu dem Schluss, dass
Harvey ein Einzeltäter war, der nicht gezielt aus politischen
Motiven gehandelt hatten. Wie immer in solchen Fällen
wurden einige einschlägige Alternativtheorien entwickelt,
die heute längst vergessen sind und angesichts ihrer offen-
kundigen Abstrusität hier nicht weiter diskutiert werden
sollen.

2.3 Berühmte Morde

2.3.1 Vorbemerkungen

Natürlich stellen auch Attentate, wie einige der eben beschriebenen, Morde dar. Um einigermaßen kurze Kapitel zu produzieren, wollen wir als Mord hier diejenige Handlung definieren, die (im Gegensatz zu einem Attentat) typischerweise nicht in der Öffentlichkeit passiert und wo die Täter unerkannt eine Flucht in ihr Kalkül einbeziehen – während bei Attentaten diese nicht selten geradezu das Publikum suchen bzw. sogar zuweilen ihren eigenen Tod in Kauf nehmen.

2.3.2 Wallensteins Tod

Die Ermordung und ihre Vorgeschichte

»Wallensteins Tod«, so lautet auch der Titel des letzten Dramas von Schillers Wallenstein-Trilogie, zu welcher der Dichter durch die Abfassung seiner »Geschichte des Dreißigjährigen Krieges« angeregt wurde.

Es war unvermeidlich, dass Schiller dabei ausgiebig mit der Figur dieses großen Kriegsherrn konfrontiert wurde, der – neben dem schwedischen König Gustav II. Adolf – die prägendste Gestalt dieser komplizierten Epoche mit ihrer kaum durchschaubaren Verflechtung von religions- und machtpolitischen Interessen war. Undurchschaubar ist nicht zuletzt auch Wallenstein geblieben und die Kontroversen über ihn halten bis heute an. Schiller beschreibt dies treffend und wortgewaltig im Prolog zum ersten Drama (»Wallensteins Lager«): *»Von der Parteien Gunst und Haß verwirrt, schwankt sein Charakterbild in der Geschichte.«*

Geboren wurde Albrecht Wenzel Eusebius von Wallenstein 1583 im Norden des österreichischen Königreichs Böhmen; seine Familie war – wie der Großteil des böhmischen Adels – protestantisch. Er hatte als Kind Vater und Mutter verloren und stellte sich früh in die Dienste der österreichischen Habsburger, nahm 1604 an einem Feldzug teil und konvertierte bald darauf zum Katholizismus.[5]

Bereits im ersten der Kriege, die insgesamt 30 Jahre anhalten sollten – es gibt nicht eigentlich *den* Dreißigjährigen Krieg –, dem etwa fünf Jahre dauernden Böhmisch-Pfälzischen Krieg, stellte Wallenstein sich, mit teils aus eigenen Mitteln finanzierten Truppen, an die Seite des nach dem Prager Fenstersturz abgesetzten böhmischen Königs Ferdinand (bald als Ferdinand II. Kaiser des Heiligen Römischen Reichs Deutscher Nation). Dieser erste Teil des Krieges war rasch für die kaiserlich-katholische Seite entschieden. Der calvinistische, von den Ständen als neuer böhmischer König eingesetzte Friedrich von der Pfalz (der »Winterkönig«), wurde 1620 in der Schlacht am Weißen Berge entscheidend geschlagen, musste fliehen und verlor anschließend auch noch seine Erblande. Da der bayerische Herzog Maximilian am Sieg wesentliche Anteile hatte, bekam er Teile davon zum Besitz; die Oberpfalz ist bekannt-

---

5 Nach anderen Angaben fand der Glaubenswechsel schon einige Jahre früher statt, was dann möglicherweise eher für eine tatsächliche religiöse Motivierung als für Karriereüberlegungen sprechen würde. Er selbst gibt als Begründung an, dass er das Überleben eines Sturzes dem Wirken der Muttergottes zuschrieb. Auf jeden Fall fand der Übertritt in den österreichischen Kernlanden (nahe Innsbruck) statt. Und als Katholik mit einer sich sehr bald zeigenden militärischen Begabung erfüllte Wallenstein damit alle Bedingungen für eine Feldherrnlaufbahn unter den habsburgischen Kaisern.

lich heute noch ein Regierungsbezirk Bayerns. Die Besitztümer der aufständischen (zum Großteil hingerichteten) böhmischen Adligen wurden verteilt und Wallenstein wurde Herzog einer im nordöstlichen Böhmen gelegenen Region, die bald den Namen Friedland erhielt und die der Feldherr zu einem Mustergebilde nach seinen Vorstellungen umformte.

1625 ernannte ihn der Kaiser zu einem Oberbefehlshaber mit außergewöhnlicher Machtfülle. Schon bald konnte er seine militärischen Fähigkeiten beweisen, als der dänische König mit den norddeutschen Protestanten gegen den Kaiser zog – sicher nicht nur aus religiöser Solidarität, sondern mindestens ebenso getrieben von der Hoffnung auf Landgewinn und Einflussnahme. Aber hier waren ebenfalls schließlich die kaiserlichen Truppen unter ihrem Oberbefehlshaber Sieger und Wallenstein bekam u. a. auch noch das Herzogtum Mecklenburg zugesprochen. Seine Macht wurde immer größer, sodass der Kaiser Wallenstein 1630 auf Drängen anderer Fürsten (und sicher auch zum Selbstschutz) entließ, dies allerdings zu einem sehr ungünstigen Zeitpunkt. Mittlerweile hatte nämlich der Schwedische Krieg begonnen (der sich ab 1635, als sich die Franzosen mit den Schweden verbündeten, als Schwedisch-Französischer Krieg mit besonders schweren Zeiten für die Zivilbevölkerung bis 1648 fortsetzte). Gustav II. Adolph setzte nach Pommern über und eroberte ganz Norddeutschland – der kaiserliche Feldherr Tilly wurde 1631 bei Breitenfeld nördlich von Leipzig geschlagen – und drang immer weiter nach Süden vor; bei Rain am Lech musste Tilly eine weitere Niederlage einstecken und verlor sein Leben. Die schwedischen Soldaten waren nun in Bayern, schonten die vorwiegend protestantischen Städte Augsburg und Nürnberg, hielten sich aber umso mehr an der Landbevölkerung durch Plünderungen schadlos und zogen schließlich in München ein, aus dem der bayerische Kurfürst Maximilian längst geflohen war. Die Eroberung der habsburgischen Kernlande inklusive Wien schien nicht ausgeschlossen, auch wenn Gustav Adolph diesen Schritt aus Angst vor Versorgungsengpässen zunächst nicht in Angriff nahm.

Mitte des Jahres 1631 bat der Kaiser Wallenstein, seine Stellung als Oberbefehlshaber wieder aufzunehmen; der mittlerweile sehr kränkliche (zudem tief gekränkte) Feldherr ließ sich bis Jahresende Zeit mit seiner Zusage, warb aber dann entschlossen Soldaten an und verstärkte entscheidend die mittlerweile stark dezimierten kaiserlichen Truppen. Gustav Adolph war inzwischen nach Norden gezogen, nur einen Teil seiner Soldaten in Bayern zurücklassend, da er fürchtete, einen möglichen Rückzug in Richtung Ostsee abgeschnitten zu bekommen. Ein historischer Zufall wollte es, dass sich beide feindlichen Heere Sachsen zur Überwinterung ausgesucht hatten; Gustav Adolph zwang Wallenstein die Schlacht bei Lützen südlich von Leipzig im November 1632 gewissermaßen auf. Sie ging mehr oder weniger unentschieden aus, brachte dennoch den Kaiserlichen einen erheblichen Gewinn: Gustav II. Adolph fiel und das schwedische Heer war somit seines charismatischen Führers beraubt. Statt aber die Gunst der Stunde zu nutzen und die Verfolgung aufzunehmen, blieb Wallenstein ungewöhnlich passiv und reagierte auch nicht auf den kaiserlichen Befehl loszuschlagen. Die durchaus nachvollziehbare (und wohl auch gut begründete) Angst ging um, dass sich Wallenstein mit seinem mächtigen Heer mit dem Gegner verbünden könnte oder sonst eine Aktion gegen das Reich unternehmen würde. Insofern war es nur logisch, die Lösung in einer physischen Aktion zu suchen,

d. h. den undurchsichtigen Feldherrn zu eliminieren. Und somit kommen wir zu Wallensteins Tod.

Was der Feldherr tat, nämlich die kaiserlichen Befehle nicht zu befolgen, erfüllte den Tatbestand des Hochverrats; in Abwesenheit wurde er in Wien deswegen auch schuldig gesprochen und zum Tode verurteilt. Wie aber war das zu vollziehen? Der Kaiser konnte nicht Truppen ausheben und gegen sein eigenes mächtiges Heer ziehen. Aber: Natürlich gab es im kaiserlichen Heer auch kaisertreue Offiziere, die das Verhalten ihres Kommandanten nicht billigten und zudem sahen, dass der ans Bett gefesselte, wahrscheinlich an einer schweren rheumatischen Erkrankung leidende Wallenstein möglicherweise bereits im Sterben lag, allemal aber nie mehr die Tatkraft von einst wiedererlangen würde, die für die Führung eines so großen Heeres unerlässlich war. Diese Offiziere standen mit Wien in Kontakt und es bot sich geradezu an, ihnen zur Belohnung nach Wallensteins Ermordung Teile seines großen Besitzes in Aussicht zu stellen. Führender Kopf der Verschwörung war der strenggläubige, aus einem italienischen Adelsgeschlecht stammende Ottavio Piccolomini, dessen berühmtester Vorfahr der hochgelehrte Renaissance-Papst Pius II. (Enea Silvio Piccolomini) war. Ottavio hatte sich besonders in der Schlacht bei Lützen ausgezeichnet und war Kommandant von Wallensteins Leibwache. Letzterer hatte endlich die Situation richtig eingeschätzt und zog mit einigen seiner Truppen nach Eger, nahe der Grenze zum feindlichen Sachsen gelegen, wo er Errettung durch die Schweden erhoffte – tatsächlich hatte er ein doppeltes Spiel getrieben. Am 25. Februar wurde das Komplott ausgeführt: Einige Wallenstein ergebene Offiziere lockte man zu einem Gastmahl, wo sie ermordet wurden. Drei irische Söldner (u. a. ein gewisser Deveroux) drangen in Wallen-

Abb. 2-2 Ermordung Wallensteins in Eger (anonymer Kupferstich).

steins Zimmer ein und rissen mit einer Partisane (einer Art Hellebarde) dessen Leib auf (▶Abb. 2-2). Das Ganze soll sich übrigens in einer Nacht abgespielt haben, als einer der stärksten Stürme seit Menschheitsgedenken über die Stadt Eger fegte.

Schiller beschreibt – hier seine Tätigkeiten als Historiker und Dichter vermischend – im letzten Teil des Vierten Buches seiner »Geschichte des Dreißigjährigen Krieges« das Ende des Herzogs von Friedland: »*Wallenstein war durch den Knall, den eine losgehende Flinte erregte, aus dem ersten Schlaf aufgepocht worden und ans Fenster gesprungen. [...] Ehe er Zeit hatte, diesem schrecklichen Vorfalle nachzudenken, stand Deveroux mit seinen Mordgehilfen im Zimmer. Er war noch im bloßen Hemde, wie er aus dem Bett gesprungen war, zunächst an dem Fenster an einen Tisch gelehnt. ›Bist du der Schelm‹, schreit Deveroux ihn an, ›der des Kaisers Volk zu dem Feind überführen und seiner Majestät die Krone vom Haupte herunterreißen will? Jetzt mußt du sterben.‹ Er hält einige*

47

Augenblicke inne, als ob er eine Antwort erwarte; aber Überraschung und Trotz verschließen Wallenstein den Mund. Die Arme weit auseinanderbreitend, empfängt er vorn in der Brust den tödlichen Stoß der Partisane und fällt dahin in seinem Blut, ohne einen Laut auszustoßen.«

Piccolomini machte weiter im kaiserlichen Heer Karriere, spielte auch eine wichtige Rolle in der Schlacht bei Nördlingen (►unten), wurde tatsächlich vom Kaiser beschenkt, zwar nicht direkt mit einem Besitztum Wallensteins, wohl aber mit der Burg und Stadt Nachod aus dem Besitz von Graf Trčka, einem der ermordeten Gefolgsleute des Feldherrn.

Was danach geschah

Nach der Beseitigung Wallensteins wurde das kaiserliche Heer wieder effizienter; schon bald, noch im September 1634, wurden schwedische Truppen bei Nördlingen geschlagen und zogen danach endgültig aus Bayern ab. Im Prinzip war die militärisch-politische Situation nun wieder etwa so wie vor der Ernennung Wallensteins. 1635 verbündeten sich dann die katholischen Franzosen mit den protestantischen Schweden, um sich gegen eine habsburgische Übermacht zu wehren. Der Krieg, in seiner schmutzigsten und ziellosesten Phase, dauerte noch weitere 13 Jahre (dargestellt im Wesentlichen nach Rademacher 2018).

2.3.3 Die sieben Leben des Gregorij Jefimowitsch Rasputin

Zugegeben, sieben Leben (wie die sprichwörtlichen Katzen) hatte er dann doch nicht; wie viele Versuche aber nötig waren, um dem bekannten Wunderheiler und Hellseher endgültig das Lebenslicht auszublasen, ist schon er-

Abb. 2-3   Der unheimliche Wundermönch Rasputin.

staunlich. Überhaupt war er eine bemerkenswerte Persönlichkeit, dieser Rasputin, der als sibirischer Bauernsohn erheblichen Einfluss am russischen Zarenhof gewann (▶ Abb. 2-3).

Geboren wurde er 1869 als Sohn in einem kleinen Dorf östlich des Ural-Gebirges. Er lernte nicht lesen und schreiben, galt als arbeitsscheu, war zudem ein starker Trinker. Sein späteres sagenhaftes (oft genug erwidertes) Interesse an Frauen war schon damals stark entwickelt, denn es existieren mehrere Anzeigen wegen sexueller Übergriffe und diverser anderer Gesetzesübertretungen. Andererseits gab es gut bezeugte Hinweise auf seine ihm nachgesagten hellseherischen Fähigkeiten.

Plötzlich – vielleicht auch, weil er weiteren Schererreien ausweichen wollte – entschloss sich Gregorij Jefimowitsch, eine religiöse Pilgerschaft anzutreten, wollte also ein Starez (oder Starze) werden.

Das Starzentum spielte im religiösen Leben Russlands im 19. Jahrhundert und bis zur Oktoberrevolution bzw. zum Ende des Russischen Bürgerkriegs eine wichtige Rolle; beispielsweise gibt Dostojewski in seinem Roman »Die Brüder Karamasow« eine Darstellung darüber, um die Figur des tiefreligiösen Aljosha Karamasow einzuführen. Bei den Starzen handelt es sich um Mönche, die zunächst jahrelang gewandert waren, teils in Familien, teils in Klöstern lebten, um sich eine immer tiefere Frömmigkeit anzueignen. Schließlich ließen sie sich endgültig in einem Kloster nieder, ohne dort ein offizielles Amt auszuüben (sie hatten auch oft keine Weihen). Ihre Funktion war, Gläubige in religiösen Angelegenheiten zu beraten, ihnen auch konkrete Verhaltensrichtlinien zu geben. Zu angesehenen Starzen pflegten die Gläubigen in Scharen zu pilgern und die Klöster waren dankbar – auch der dabei fließenden Spendengelder wegen –, einen oder mehrere beliebte und als kompetent angesehene Starzen in ihren Mauern zu beherbergen.

Nach einiger Zeit kehrte Rasputin (noch nicht annähernd ein bemerkenswerter Starez geworden) in seinen Geburtsort zurück, heiratete eine einfache junge Frau, mit der er auch drei Töchter zeugte, zog aber dann zu einer zweiten Pilgerreise, die ihn sogar zum Berg Athos in Griechenland führte; jedoch war er vom dortigen Mönchsleben abgestoßen, das er als heuchlerisch empfand. Wieder kehrte er nach Hause zurück, inzwischen aber bereichert mit Kenntnissen in Medizin und Kräuterheilkunde, zudem offenbar (vorübergehend) vom Trunke abgekommen. Jetzt holten sich auch zunehmend Einwohner der Umgebung von ihm medizinischen Rat und erbaten die Befreiung von ihren Sünden. Nicht zuletzt waren es Frauen; seine sexuelle Gier hatte unter den langen Märschen nicht weiter gelitten. Rasputin genoss nun einen Ruf als Heiliger, Heilkundler und Wüstling zugleich. Nomen est omen: Rasputin ist das russische Wort für Wüstling.

Einige Jahre später trat Rasputin seine nächste Reise

an: in die russische Hauptstadt Sankt Petersburg. Einerseits suchte er, der längst wieder seine alten Trinkgewohnheiten aufgenommen hatte und nach wie vor von Sexhunger gequält war, das bunte Treiben der Großstadt, andererseits hatte er den Ehrgeiz, in höchste höfische Kreise zu gelangen, wozu seine wohl tatsächlichen Fähigkeiten als Heiler bald Gelegenheit boten.

Zar Nikolaus II. war nämlich mit einer deutschen Prinzessin, Alix von Hessen-Darmstadt, verheiratet, welche als Zarin den Namen Alexandra Fjodorowna Romanowa trug. Diese war eine Enkelin der Queen Victoria, die auf einem ihrer beiden X-Chromosomen eine Genvariante besaß, die zu einem nicht leistungsfähigen Gerinnungssystem beiträgt. Da Frauen bekanntlich zwei X-Chromosomen tragen (und die Krankheit rezessiv vererbt wird), kann das entsprechende, auf dem zweiten X-Chromosom liegende intakte Gen diesen Mangel kompensieren. Frauen erkranken daher so gut wie nie an der »Bluterkrankheit«. Mit einer Wahrscheinlichkeit von 50 % geben sie die pathologische Genvariante aber an ihre Töchter weiter, die dann ihrerseits Konduktorinnen sind (▶ auch Abschn. 2.7). Die Zarin war eine Konduktorin und die eine oder andere ihrer vier zunächst geborenen Töchter war es sicher auch. Anders stellt sich die Situation bei den Söhnen von Konduktorinnen dar. Davon leidet die Hälfte tatsächlich an der Bluterkrankheit, da auf dem kleinen Y-Chromosom, welches männliche Wesen neben dem X-Chromosom besitzen, keine kompensierende normale Genvariante liegt. Das war nun bei Alexej der Fall, dem endlich geborenen, heiß ersehnten Thronfolger. Er litt nach kleinsten Unfällen an starken, andauernden, extrem schmerzhaften und mit Fieberzuständen einhergehenden Blutungen.

Inzwischen hatte sich Rasputin in der Hauptstadt gut

eingelebt, nicht zuletzt dank seiner Faszination, welche er auf Frauen, oft aus höheren gesellschaftlichen Schichten, ausübte. Was diese an dem ungepflegten Manne mit den ungehobelten Manieren (beispielsweise bei Tische) fanden, ist nur schwer verständlich. Sicher konnte er viele von ihren diversen Leiden erlösen, umso mehr, als diese wohl oft gar keine körperlichen Ursachen hatten; hinzu kamen seine sagenhafte Potenz und seine Fähigkeit, stundenlang zu kopulieren, ohne einen Samenerguss zu haben. Es ist anzunehmen, dass nicht wenige adlige (auch verheiratete) gelangweilte Damen sich dieses Erlebnis nicht entgehen ließen und begeistert ihren Freundinnen davon erzählten, die sich ihrerseits das Vergnügen nicht entgehen ließen. So kam es, dass Gregorij Jefimowitsch Rasputin in den höchsten Kreisen herumgereicht und sehr bald auch mit dem Zarenpaar bekannt wurde, das von Anfang an einen guten Eindruck von ihm hatte.

Sein großer Augenblick kam, als der Zarewitsch Alexej wieder einmal an einer schmerzhaften Blutung litt, welcher die Hofärzte tatenlos zusehen mussten. Da ließ die Zarin Rasputin holen. Es ist gut belegt, dass bereits mit dem Eintritt des Wundermönchs ins Krankenzimmer die Schmerzen leichter wurden und sehr bald ganz verschwanden. Von da an war Rasputin häufiger Gast der Zarenfamilie und wurde enger Vertrauter der Zarin (ob er mit ihr auch eine sexuelle Beziehung hatte, ist ungeklärt). Dies ging eine ganze Weile so, bis der Lebenswandel des Mönchs immer mehr Anstoß erregte: Er war häufig schwer betrunken, randalierte und da ihm der tägliche Verkehr mit den Damen der Gesellschaft nicht genügte, nahm er sich des Nachts gern noch ein paar Prostituierte mit aufs Zimmer. Schließlich verfügte Zar Nikolaj Rasputins Rückkehr in sein Heimatdorf.

Dort lagen natürlich Informationen über seine Fähigkeiten und Kontakte in großer Menge vor. Das Dorf war hocherfreut über seine abermalige Präsenz. Er galt als Wohltäter, war angesehen und noch heute ist die dortige Bevölkerung stolz auf ihren Sohn Rasputin. Er hätte dort als ehrbarer Bürger sterben können, was aber vermutlich nicht seinem Wesen entsprochen hätte und was das Schicksal zu verhindern wusste: Dem Zarewitsch ging es nämlich wieder sehr schlecht; nach einem eher harmlosen Sturz hatte er große Schmerzen, die sich zunehmend steigerten und nach einer holprigen Kutschfahrt zu einem bedrohlichen Zustand führten. Lenze & Steinhauser (1996, S. 265), denen die Darstellung hier zunächst weitgehend folgt, schildern die Situation so: »*Bei der Rückkehr nach Hause ist der Kleine bewußtlos. Eine erste Untersuchung ergibt, dass Alexej im Oberschenkel und in der Leistengegend innere Blutungen davongetragen hat. Aus St. Petersburg werden Ärzte herbeigerufen, doch die sind ratlos. Das Blut dringt tiefer ins Gewebe ein, bildet dicke Geschwulste an Bein und Unterleib. Durch alle Räume des Hauses hallen Alexejs Schmerzensschreie, der in hohem Fieber daniederliegt.*« In dieser aussichtslos erscheinenden Lage lässt die Zarin an Rasputin telegrafieren. Bereits nach dessen tröstendem Antworttelegramm, das dem Zarewitsch gezeigt wird, fällt das Fieber und setzt die Genesung ein.

Rasputin darf umgehend wieder nach Sankt Petersburg zurückkehren, gewinnt mehr und mehr das Vertrauen der Zarin und die Protektion des Zaren selbst. Er erhält eine luxuriöse Wohnung mit Telefonanschluss, empfängt oft mehrere Hundert Bittsteller täglich, die ihn mit Spenden belohnen (welche Rasputin wiederum in wohltätige Zwecke steckt und sich damit Beliebtheit sichert). Auch weiterhin kommen nicht nur einfache und vorwiegend männliche

Personen zu seinen Privataudienzen, sondern auch Damen der höheren Gesellschaft, mit welchen Rasputin sich gelegentlich in die Privaträume begibt. Der Dichter Gottfried Benn (wiederum zitiert nach Lenze & Steinhauser 1996, S. 267) kommentiert dies so: »*Rasputin, der stundenlang konnte, ohne dass es ihm kam. Daher die überfüllten Vorzimmer bei ihm mit Hofdamen und Großfürstinnen.*«

Den gehörnten Ehemännern blieb nichts anderes übrig, als mit geballten Fäusten in den Taschen dem Treiben des von höchster Stelle Protegierten zuzusehen, aber natürlich staute sich gerade in höheren Kreisen die Wut auf den sibirischen Wundermönch an. Hinzu kam, dass dieser zunehmend politischen Einfluss gewann, etwa bei der Besetzung amtlicher Stellen, die er seinen Günstlingen zukommen ließ. Inzwischen war auch ein (immer schlechter verlaufender) Krieg im Gange; der Zar weilte an der Front und die Zarin (mit Rasputin im Hintergrund) führte weitgehend die Regierungsgeschäfte. Als Deutsche war sie ohnehin nie sehr beliebt und Rasputin, der immer vom Krieg gegen Deutschland und Österreich abgeraten hatten, geriet in den Verdacht der Wehrkraftzersetzung, wurde sogar als deutscher Spion verdächtigt.

Es war also nur eine Frage der Zeit, bis ein Mordkomplott gegen Rasputin geschmiedet wurde. Schon zuvor, noch in seinem Heimatdorf, war er knapp dem Tode entronnen, als eine Frau, die sich von ihm erst sexuell benutzt und dann abgeschoben fühlte, den Unhold kastrieren wollte, aber den Messerstich zu hoch ansetzte und dabei den unteren Bauchraum verletzte. Zwei Jahre später führte ein Fürst Jusupow zusammen mit einigen weiteren Männern die Tat aus. Jusupow lud Rasputin in sein Palais zum Essen ein, stellte dabei in Aussicht, ihm, gewissermaßen als Nachtisch, seine eigene Ehefrau zuzuführen, die als ausgesprochene Schönheit galt. Angesichts dieses verlockenden Angebots ließ der sonst so treffsicher zukünftige Ereignisse ahnende Wundermönch alle Vorsicht fahren und begab sich in den prächtigen Palast. Dort wurden ihm zunächst Gebäck, Wein und Madeira serviert, versetzt mit einem gerüttelten Maß des hochgiftigen Zyankali. Seine Wirkung tat es nicht und Jusupow beriet sich mit den Mitverschwörern über das weitere Vorgehen. Schließlich kam er mit einem Revolver zurück, schoss auf Rasputin, der getroffen zusammensank. Als der Mörder nach einiger Zeit zurückkam, bemerkte er, dass der Wundermönch noch am Leben war. Diese Szene ist bei Heresch (1995, S. 385 f.) eindrucksvoll beschrieben:

»Von einem unerklärlichen Gefühl getrieben beschließt Jusupow, nach der Leiche zu sehen. [...] Rasputin liegt unverändert da. Jusupow tritt näher. Als er dessen Körper berührt, fühlt er, dass dieser noch warm ist. Jusupow tastet nach dem Puls. Kein Schlag. Aus der Wunde sickert Blut auf die steinernen Fließen. Nun schüttelt Jusupow aus unerklärlichen Gründen Rasputins Hände. Leblos fallen sie zurück. Als er sich anschickt wegzugehen, fällt ihm auf, dass das linke Lid Rasputins zu zittern beginnt. Jusupow starrt die Leiche an. Nun beginnt Rasputins ganzes Gesicht zu zucken – immer stärker. Schließlich öffnet sich ein Auge. Nun zittert auch das andere Lid, hebt sich – und plötzlich ist der Blick Rasputins aus beiden Augen auf den vor Schreck erstarrten Fürsten gerichtet.«

Es wird immer gespenstischer:

»Jusupow will schreien, aber seine Stimme versagt. Er will davonlaufen, aber seine Beine sind wie gelähmt und gehorchen ihm nicht. Das Unvorstellbare geschieht: mit einem Ruck richtet sich Rasputin zu seiner vollen Größe auf. Aus seinen Lippen dringt Schaum. Mit wildem Blick

formt er seine Hände zu Krallen. Während er bedrohlich die Augen verdreht und ›Felix, Felix‹ – Jusupows Vornamen – keucht, bohrt sich die eine Hand in Jusupows Rücken, während die andere versucht, ihn am Hals zu packen. Während Jusupow fast kraftlos scheint im Bemühen, sich aus der Umklammerung zu lösen, beginnt ein Ringen auf Leben und Tod. Für Jusupow ist es der Teufel selbst, der in diesem vergifteten und von einer Kugel getroffenen Körper steckt und ihm nun die Kraft verleiht, ihn umzubringen, zu rächen.«

Jusupow gelingt es schließlich, sich loszureißen und hinauf zu seinen Kameraden zu eilen, er berichtet vom überlebenden Wundermönch und verlangt nach einem Revolver. Den nimmt aber der Mitverschwörer Purischkjewitsch, Jusupow dafür einen Gummiknüppel. Das unglaubliche Geschehen geht weiter:

»Beide lauern auf dem oberen Treppenabsatz. Sie trauen ihren Augen nicht: auf allen vieren und grölend wie eine verwundete Bestie kriecht Rasputin behend herauf und wendet sich der Tür zu, die auf halber Höhe zum Hof führt. Ein Stoß – das Tor ist offen, und Rasputin verschwindet in der Dunkelheit. Purischkjewitsch stürzt ihm nach. Noch im Laufen drückt er ab – und trifft daneben. Noch einmal – wieder in die Luft. Wie kann es sein, dass ein sonst hervorragender Schütze jetzt nicht einmal auf zwanzig Schritt zielen kann? Rasputin hat seinen torkelnden Gang noch beschleunigt.«

Bei seinem Versuch, sich am Gittertor hochziehen, wird der Fliehende endlich getroffen, und auch der unmittelbar danach abgegebene vierte Schuss sitzt. *»Nun tritt Purischkjewitsch auf den Körper zu, der vor ihm liegt. Der dritte Schuss hat Rasputin in den Rücken getroffen, der vierte in den Kopf. Jetzt ist sicher – Rasputin ist tot.«*

Jetzt gilt es, die »Leiche« zu entsorgen, und Purischkjewitsch muss dazu die beiden Hauswachen einweihen, die in Begeisterung über die Tat ausbrechen. Plötzlich erwachen die Lebensgeister Jusupows:

»Er geht zu seinem Schreibtisch, holt den Gummiknüppel und schlägt wie wild auf Rasputins Schläfen ein – bis er von den anderen weggezogen werden kann. Selbst jetzt noch, scheint es Purischkjewitsch, sind Zuckungen bei Rasputin zu beobachten, und ein Auge scheint sich zu öffnen und Purischkjewitsch anzustarren.«

Schließlich packten die Helfer den Körper in einen großen Stoffballen und verschnürten ihn; drei der Verschwörer kamen mit einem Automobil zurück und zu viert – Jusupow war mittlerweile ohnmächtig geworden und dann in tiefen Schlaf gefallen – fuhren sie zu einem Eisloch in der zugefrorenen Newa, in das sie die Last warfen; allerdings hatten sie vergessen, die mitgebrachten Gewichte an ihr zu befestigen.

Dort fror die Leiche ein und wurde erst nach einigen Tagen durch eine von der Zarin beauftragte Suchkommission gefunden. Die Obduktion ergab – neben dem fehlenden Nachweis von Zyankali im Magen –, dass die erste Kugel in die linke Brustseite eingedrungen und im rechten Oberbauch stecken geblieben war, die zweite sich in den Rücken gebohrt hatte, die dritte schließlich den Stirnknochen durchschlug und im Gehirn landete. Die große Überraschung war allerdings, dass sich in der Lunge des Toten Wasser und Algen befanden: Rasputin lebte somit noch, als er in die Newa geworfen wurde, und starb schließlich durch Ertrinken (▶ Abb. 2-4).

Heresch (1995, S. 404 ff.) unterbreitete den Fall Wiener Gerichtsmedizinern, die zu folgendem Ergebnis kamen: Das verabreichte Gift war zweifellos Kaliumzyanid (Zyan-

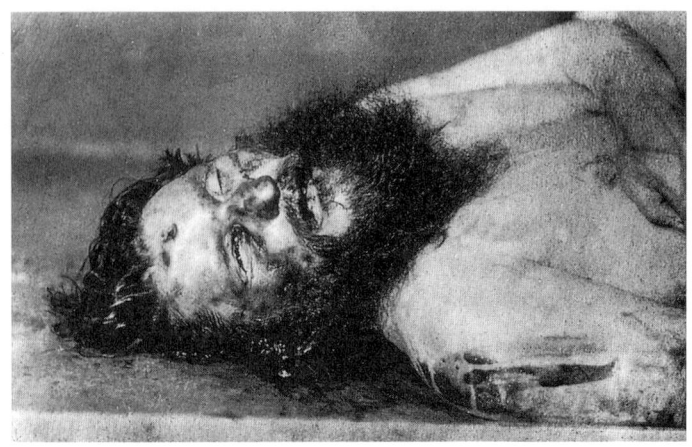

Abb. 2-4   Rasputins Leiche, geborgen aus der zugefrorenen Newa.

kali), allerdings möglicherweise in einer Dosis, die nicht ausreichte, um den großen und schwergewichtigen Wundermönch zu töten, umso mehr, als die Substanz möglicherweise nicht ganz frisch war und sich daher bereits zum Teil in eine inaktive Form umgewandelt haben dürfte. Außerdem – so wird gemutmaßt – litt Rasputin an verminderter Magensäureproduktion, sodass die Aufnahme des Giftes schwächer war oder zumindest mit starker Verzögerung eintrat. Der erste Schuss (von Jusupow abgegeben) traf keine lebenswichtigen Organe, ebenso wenig der erste Treffer von Purischkjewitsch in Rasputins Rücken; auch die Kugel in den Kopf drang nicht so ein, dass die Verletzungen zum sofortigen Tode führen mussten.

Unter Anwesenheit der Zarenfamilie wurde der Leichnam in einem Ehrengrab im Park der Sommerresidenz beigesetzt, nach der Revolution aber wieder ausgegraben und fortgebracht. Auch dabei ereigneten sich wunderliche Dinge: Vom ans Tageslicht gebrachten Sarg soll der Deckel weggeflogen sein, sodass die aus dem Fenster starrende Zarin noch einmal Rasputin zu sehen bekam; bald nach dem Abtransport gab es eine Panne und schnell versammelten sich neugierige Passanten, die – nachdem sie erkannten, um wen es sich handelte – ein Reisigfeuer entzündeten und die Leiche verbrannten.

Da die Schüsse im Garten des Jusupow-Palasts abgeben wurden und natürlich zu hören waren, kam man schnell auf die Täter. Die Zarin forderte die sofortige Erschießung der Hauptbeteiligten, was aber nicht ausgeführt wurde; die Stimmung der Bevölkerung und auch des Beamtenapparats gegen die Zarin und Rasputin war schon vorher schlecht und viele sprachen offen ihre Billigung der Tat aus. Die schlimmste Strafe erhielt Jusupow, der mit seiner Frau nach Sibirien verbannt wurde; bald gelang ihnen allerdings die Flucht nach Paris. Das Ende des Zarenreiches hatte Rasputin für den Fall seines eigenen Todes vorhergesagt. Dass es tatsächlich so kam, ist bekannt; auch weniger hellseherisch Begabte hätten dies jedoch Ende 1916 bereits vorhersagen können.

2.4 Suizide, Doppelsuizide, erweiterte und kollektive Selbstmorde

2.4.1 Suizide

Wenn im Weiteren oft der Ausdruck Selbstmord verwendet wird, so folgt dies zwar dem allgemeinen Sprachgebrauch, ist aber politisch inkorrekt, weil der Begriff Mord eindeutig eine schwere Straftat bezeichnet, die ausnahmsweise hierbei nicht an anderen, sondern an der eigenen Person verübt wurde; dabei ist mittlerweile weitgehend Konsens – diese Auffassung wurde auch nachdrücklich in einem Urteil des Bundesverfassungsgerichts im Februar 2020[6] bestätigt –, dass der Mensch im Rahmen seiner Selbstbestimmung auch über seinen eigenen Tod entscheiden kann. Nicht viel anders verhält es sich mit dem Begriff Suizid, in welchem der lateinische Ausdruck *caedere* steckt, etwa mit »zu Fall bringen, hinstrecken« zu übersetzen. Weniger diskriminierend sind die Ausdrücke Selbsttötung und Freitod.

Der Suizid war in der Antike nicht ungewöhnlich; entsprechend oft findet man in lateinischen Schriften die Wendung »*manum sibi dedit*« (er bzw. sie legte Hand an sich). Marcus Antonius stürzte sich nach der verlorenen Schlacht bei Actium in sein Schwert, seine Geliebte Kleopatra ließ sich von einer Giftschlange beißen; auch Varus durchbohrte sich mit dem Schwert, nachdem drei unter seinem Befehl stehende Legionen in der Schlacht im Teutoburger Wald durch Armin (Hermann) den Cherusker vernichtet worden waren.

Mit Einzug des Christentums wurde der Selbstmord als Sünde betrachtet, denn es war nicht in der Hand des Menschen, über sein von Gott geschenktes Leben selbst zu entscheiden – im Vereinigten Königreich stellte Selbstmord (bzw. sein Versuch) bis 1961 sogar eine Straftat dar. Diesbezüglich vertraten katholische[7] wie evangelische Kirche

---

6 www.bundesverfassungsgericht.de/SharedDocs/Entscheidungen/DE/2020/02/rs20200226_2bvr234715.html (letzter Zugriff: 05.01.2021)

7 Bis vor einigen Jahrzehnten durften Selbstmörder nicht in geweihter Erde bestattet werden. Als in Oberbayern aufgewachsener Sohn eines Landarztes kann ich mich noch gut an ein Telefongespräch erinnern, in dem der Dorfpfarrer in einer solchen Angelegenheit meinen Vater anrief. Erst als dieser dem Anrufer

ähnliche Positionen. Entsprechend berichten die abendländischen Chroniken über Jahrhunderte kaum von Selbstmorden.

Erst mit der Aufklärung wurde der Suizid »salonfähig«. Nachdem der Briefroman des jungen Goethe »Die Leiden des jungen Werthers« erschienen war, in dem sich der Titelheld wegen einer unerfüllbaren Liebe erschießt, gab es eine regelrechte Epidemie, indem nachweislich eine große Zahl meist junger Männer in ähnlicher Weise ihrem Leben ein Ende setzte; in Leipzig wurde die Verbreitung des Romans deswegen untersagt.

An diesem »Werther-Effekt« ist nicht zu zweifeln, wie sich beispielsweise 2009 kurz nach dem Tod des Torhüters von Hannover 96, Robert Enke, zeigte: Weit überdurchschnittlich viele Personen stürzten sich danach vor einen Zug. Generell gilt heute die Empfehlung, Suizide in den Medien nicht allzu detailliert zu behandeln, um nicht eventuelle Nachahmungstäter zu schaffen.

In Deutschland nehmen sich offiziell etwa 10 000 Personen pro Jahr das Leben, wobei von einer erheblichen Dunkelziffer auszugehen ist. Es sind beispielsweise solche, die »aus unbekannten Gründen von der Fahrbahn abgekommen« sind. Etwa zwei Drittel davon sind Männer, während in einigen Entwicklungsländern mehr Frauen den Freitod wählen. Nach manchen Erhebungen geschehen etwa 90 % der Suizide im Rahmen psychischer Störungen, insbesondere Depressionen, speziell während depressiver Episoden im Rahmen bipolarer Störungen (bei Manisch-

---

versicherte, dass die Frau, die sich in einen Fluss gestürzt hatte, wegen schwerer Depressionen in psychiatrischer Behandlung war, stand einem ordentlichen kirchlichen Begräbnis auf dem Dorffriedhof nichts mehr im Wege.

Depressiven, wie es in der Umgangssprache heißt). Wahrscheinlich ist dieser Prozentsatz deutlich zu hoch gegriffen; ein nicht geringer Teil der Freitode dürften »Bilanzselbstmorde« sein, wo die betreffende Person ihre Lebenslage als aussichtslos betrachtet.

Freitod mit Ansage: Jean Améry

Jean Améry, geboren 1908 in einer jüdischen Familie, war im Widerstand gegen die Nationalsozialisten aktiv, deswegen auch länger im KZ Auschwitz, wo er schweren Misshandlungen ausgesetzt war, aber letztlich überlebte. Nach dem Krieg fand er große Beachtung als Essayist, Schriftsteller und Kulturjournalist. Sein bekanntestes Werk ist sicher »Hand an sich legen – Diskurs über den Freitod«, welches auch nach seinem Tod im Jahre 1978 in immer wieder neuen Auflagen erscheint. Augenblicklich liegt die 17. Auflage aus dem Jahre 2019 vor. In diesem Buch plädiert der Autor dafür, den Selbstmord nicht automatisch als pathologische Reaktion anzusehen, sondern als selbstbestimmte Entscheidung. Nur einige Zitate aus dem genannten Werk sollen dies belegen: »*Ist es nicht besser, dem Fallbeil, das uns alle guillotiniert, zuvorzukommen?*« oder »*Der Freitod ist ein Privileg des Humanen*« (Améry 2019, S. 57). Oder: »*Vorläufig kann es nur darum gehen, den Freitod als ebenso natürlich oder ebenso unnatürlich wie jederlei Tod zu rehabilitieren.*« (Améry 2019, S. 66) Ein letztes Beispiel: »*Jedermann gehört, ich wiederhole es auf die Gefahr, den Leser zu ermüden, [...] in den entscheidenden Lebensmomenten sich selber [...].*« (Améry 2019, S. 120)
Es war nur konsequent, dass Amérys Leben mit einem Freitod endete. Bereits 1974 versuchte er in Brüssel, sich zu suizidieren, wurde aber gerettet. 1978 nahm er sich im Nobelhotel »Österreichischer Hof« in Salzburg mit Schlaftabletten das Leben.

Nicht zu unterschätzen ist auch die Zahl jener, die durch den Freitod die Qualen einer unheilbaren Krankheit vermeiden wollen oder beabsichtigen, sich der Justiz zu entziehen; es sei hier beispielsweise an Hitler, Goebbels, Göring und Himmler erinnert.

Auffällig ist die familiäre Häufung von Selbstmorden.

Sehr oft ist dies durch bipolare Störungen (also Störungen mit sowohl depressiven als auch manischen Episoden) zu erklären, bei denen die genetische Komponente beträchtlich ist (s. Köhler 2017, S. 179 ff., zum Suizid des Schriftstellers Ernest Hemingway und den zahlreichen weiteren Freitoden in dessen Familienkreis). In vielen Fällen ist aber diese Erklärung nicht zutreffend, da die Personen bis zu ihrem Tod keines der typischen Symptome des genannten Störungsbildes zeigten, oft sogar keine oder nur entfernte Blutsverwandtschaft aufwiesen.

Die Suizide im Familienkreis Thomas Manns

Vier Selbstmorde ereigneten sich im engsten Familienkreise Thomas Manns, wobei der berühmte Schriftsteller allerdings über einen sicher geradezu erleichtert war und einer nicht mehr zu seinen Lebzeiten geschah.

1910 nahm sich Thomas Manns Schwester Carla im Haus ihrer Mutter in Polling (Oberbayern) das Leben. Sie war allen Berichten nach eine sehr schöne junge Frau mit gewissem schauspielerischem Talent, welches aber wiederum nicht ausreichend war, um auf wirklich großen Bühnen aufzutreten. Sie entschloss sich deshalb, eine bürgerliche Karriere einzuschlagen und einen biederen elsässischen Industriellen zu heiraten. Allerdings hatte sie ihre Vergangenheit (zu der diverse Liebschaften gehörten) eingeholt und einer ihrer Ex-Liebhaber machte die Affäre auch bekannt. Der Vorgang wird im Kapitel XXXV des »Doktor Faustus« literarisch verarbeitet: »*Ein anonymer Brief, von Clarissa's Liebhaber in der dritten Person handelnd, tat das Werk in der Straßburger Familie, bei Henri selbst. Er sandte ihr den Text – zur Rechtfertigung, wenn solche möglich war. Sein Begleitbrief ließ nicht eben eine unerschütterlichste Glaubensstärke der Liebe erkennen, die er für sie trug.*« Dann ging alles sehr schnell: »*Clarissa empfing die eingeschriebene Sendung in Pfeiffering, wo sie nach Schluß der Pforzheimer Theater-Saison für ein paar Wochen im Häuschen ihrer Mutter, hinter den Kastanien, zu Gast war. Es war früher Nachmittag. Die Senatorin sah ihr Kind im Geschwindschritt von einem Spaziergang zurückkehren, den sie nach Tische auf eigene Hand unternommen. Auf dem kleinen Vorplatz des Hauses eilte Clarissa mit einem flüchtig-wirren und blinden Lächeln an ihr vorüber in ihr Zimmer, dessen Schlüssel sich hinter ihr kurz und energisch drehte. In ihrem eigenen Schlafzimmer, nebenan, hörte die alte Dame die Tochter nach einer Weile am Waschtisch mit Wasser gurgeln, – wir wissen heute, dass dies zur Kühlung der Verätzungen geschah, die die furchtbare Säure ihr im Schlunde verursachte. Dann trat Stille ein [...].«* Der einige Stunden später hinzugekommene Erzähler ergänzt:*»Dunkelblaue Stockungsflecken an Clarissa's schönen Händen und ihrem Gesicht deuteten auf einen rapiden Erstickungstod, die jähe Lähmung des Atmungszentrums durch eine Dosis Zyansäure, mit der man wohl eine Kompanie Soldaten hätte töten können.«* (Mann 1976 [1947], S. 383 f.)

Wie ungewöhnlich viele Literaten (s. Köhler 2017, S. 183 ff.) nahm sich auch Klaus, ältester Sohn Thomas Manns, das Leben. Er war von jeher reichlich labil, brach die Oberschule ab, versuchte sich als Schriftsteller (zu Beginn durchaus mit Erfolg), emigrierte – damals bereits morphinsüchtig – in die USA, fand zunächst dort gewissen Halt in seiner publizistischen Aufklärungsarbeit über Hitler sowie das Schicksal Deutschlands und war als Mitglied der US-amerikanischen Armee 1944 an der Landung in Italien beteiligt, wo man ihn bei der psychologischen Kriegsführung einsetzte. Als der Kampf gegen Hitler zu Ende war, geriet er in eine schwere Krise. Seine in Kriegszeiten geschriebenen Bücher fanden keine Verleger, literarisch brachte er nichts mehr zustande. Im Mai 1949 nahm er – nachdem er sich in Nizza erfolglos einer Entziehungskur unterzogen hatte – in Cannes eine Überdosis Schlaftabletten und verstarb wenig später in einer Klinik. Seine Eltern und seine Lieblingsschwester Erika erfuhren von dem Freitod in Stockholm, wo man sich zu einer Vortragsreise aufhielt. *»Der Vater«*, heißt es bei Möller (2005, S. 302), *»fand sein Handeln unschön, grausam, gar rücksichts- und verantwortungslos. Ähnlich hatte er beim Suizid seiner Schwester Carla reagiert.«* Beim Begräbnis waren seine Eltern nicht anwesend, von seinen fünf Geschwistern lediglich der jüngste Bruder Michael.

Ende 1944 nahm sich Nelly, die Frau von Thomas' Bruder Heinrich, mittels einer Überdosis Schlaftabletten das Leben. Richtig traurig waren Thomas und Katia Mann sicher nicht, vermutlich nicht einmal der Gatte der Verschiedenen. *»Wie oft«*, meint Möller (2005, S. 277), *»hatte Nelly peinliche Zwischenfälle verursacht! Bei ihrem Tod waren mehrere Verfahren wegen diverser Verkehrsdelikte anhängig. Katia gegenüber war Nelly am Telefon von ›beispielloser, aggressiver Unverschämtheit‹ gewesen, und diese ihrerseits nannte sie ›das*

Stück.« Dabei unterstützten die Manns das Paar finanziell nicht unbeträchtlich, obwohl Heinrich Mann eigentlich nicht schlechte Einnahmen hatte. *»Thomas fand, dass Heinrichs ›sehr günstige Einkünfte durch das unselige Treiben seiner Frau bis weit ins Negative zerronnen‹ waren.*« (Möller 2005, S. 277)

Über 20 Jahre nach Thomas Manns Tod nahm sich auch sein jüngster Sohn (aller Wahrscheinlichkeit nach) das Leben. Michael Mann war schon lange alkoholsüchtig, psychisch sehr instabil und auch gewalttätig gegenüber seiner Frau. In der Silvesternacht lag er angekleidet auf seinem Bett, hatte eine große Menge von Alkohol und Barbituraten genommen; ob es eine versehentliche Überdosierung oder ein geplanter Selbstmord war, lässt sich nicht entscheiden. Er habe aber, so Möller (2005, S. 361 f.), das *»Spiel mit dem Tod schon öfter getrieben«*.

Auf einen vollendeten Selbstmord kommen etwa zehn Selbstversuche; diese werden deutlich häufiger von Frauen begangen.

2.4.2 Doppelsuizide

Erheblich seltener als einfache Selbstmorde, dafür ungleich spektakulärer, sind Doppelselbstmorde. Typischerweise bringen sich zwei Personen gemeinsam um, die sich in einer ähnlichen Situation befinden. Das war beispielsweise der Fall bei Stefan Zweig und seiner Frau, die sich aus schwer nachvollziehbaren Gründen mit ihrer (eigentlich sehr komfortablen) Situation als Emigranten in Brasilien nicht zurechtfanden. Gut nachvollziehbar ist hingegen, dass sich Adolf Hitler und seine Geliebte Eva Braun in den letzten Kriegstagen, als die russische Armee schon in Berlin stand, vergifteten.

Ausgesprochen schaurig sind jene Fälle, wo eine Person eine andere überredet, gemeinsam Suizid zu begehen. Bekannt ist hier der Doppelselbstmord des Heinrich von Kleist. Sein Entschluss zum Freitod bestand wohl schon längere Zeit, aber er hatte sich in den Kopf gesetzt, dies zusammen mit einer Frau zu tun. Mehrere hatte er deswegen angesprochen, bis sich schließlich eine Henriette Vogel, mit 31 Jahren unheilbar an Krebs erkrankt, bereit erklärte. Die letzten Stunden verbrachte das Paar, das sich in zwei Zimmern eines Hotels am Wannsee einmietete, in eigenartig aufgeräumter Stimmung: Sie speisten und tranken Kaffee, gingen dann in ihre Zimmer, um Abschiedsbriefe zu schreiben und sich danach hinzulegen, frühstückten noch am nächsten Morgen und beglichen ihre Rechnung. Am Seeufer, kaum 50 Schritte vom Hotel entfernt, schoss Kleist seiner Begleiterin ins Herz und tötete sich anschließend selbst durch einen Kopfschuss. Beide wurden an der Stelle des Geschehens in ein gemeinsames Grab gelegt.

Viel rätselhafter und von erheblicher weltpolitischer Bedeutung war der gemeinsame Suizid des Kronprinzen Rudolf mit Mary Vetsera in Mayerling bei Wien.

Das Rätsel von Mayerling
Die weitere Vorgeschichte

Rudolf von Habsburg war als einziger Sohn des Kaisers Franz Joseph von Österreich mit seiner Gattin Elisabeth von Bayern (»Sisi«) der natürliche Thronfolger (▸ Abb. 2-5). Die Vorgeschichte habe ich an anderer Stelle (s. Köhler 2017, S. 151 ff.) genauer erörtert: Rudolf hatte zweifellos Stimmungsschwankungen, war aber sicher nicht im psychiatrischen Sinne »manisch-depressiv«. Seine Schwierigkeiten bestanden zum einen darin, dass er politisch anders als sein konservativer Vater dachte, allerdings keinen Einfluss auf die Politik nehmen konnte. Das war auch in absehbarer Zeit nicht zu erwarten, denn der Vater des erwachsenen Sohnes war noch keine 60 Jahre alt – hätte er sich nicht umgebracht, wäre Rudolf erst im Jahre 1916, also mit 58 Jahren, überhaupt in die Regierung gekommen.

Abb. 2-5   Rudolf, Kronprinz von Österreich und Ungarn.

Der intellektuell nach allgemeiner Meinung der Historiker ausgesprochen fähige junge Mann war natürlich nicht untätig: Er schrieb politische Artikel, die er teils anonym veröffentlichte (von denen natürlich angesichts des gut organisierten Spitzelapparats der k.u.k.-Monarchie der Kaiser mit Sicherheit wusste) – nicht nur aus diesem Grund bestand ein sehr gespanntes Verhältnis zwischen Vater und Sohn. Daneben interessierte sich Rudolf stark für Vogelkunde und organisierte Ende der 1870er-Jahre vornehmlich ornithologisch orientierte Reisen für den »Tiervater« Alfred Brehm, an denen auch der Kronprinz selbst teilnahm. Einige Artikel in »Brehms Tierleben« stammen fast wörtlich aus der Feder des österreichischen Thronfolgers. Trotz allem dürfte ihn dieses Hobby angesichts seiner politischen Ohnmacht kaum befriedigt haben.

Eine zweite Belastung war seine Ehe: Standesgemäß wurde er schon früh und ungefragt mit der Prinzessin Stephanie aus dem belgischen Königshaus verheiratet. In dieser anfangs durchaus funktionierenden Ehe kamen zwar bald drei Töchter zur Welt – leider aber nicht der für die Thronfolge unverzichtbare Sohn; glücklich war die Verbindung auf lange Sicht hingegen nicht. Rudolf versuchte später, in einem direkten Schreiben an Papst Leo XIII. die Auflösung der Ehe zu erwirken. Das lehnte der Heilige Vater nicht nur ab, sondern unterrichtete postwendend Kaiser Franz Joseph über die Angelegenheit. Mit dem Wissen ganz Wiens, natürlich auch seiner Gattin und des Kaisers, hatte Rudolf zahlreiche Amouren und bewegte sich in zweifelhaften Kreisen.

Sicher amüsierte einen Teil der Wiener das wilde Treiben Rudolfs, andere brachten jedoch kein Verständnis für das moralisch wenig vorbildliche Leben ihres – wie alle Welt annahm – künftigen Kaisers auf. Hinzu kam, dass Rudolfs Ansichten auch in der Tagespresse heftig angegriffen wurden und dass diese Artikel scharfe Erwiderung fanden, sehr häufig von jüdischen Autoren. Im Freundeskreis des Kronprinzen waren auffällig viele Juden, darunter durchaus wohlhabende; schnell kam das Gerücht auf, dass Rudolf von diesen auch finanzielle Zuwendungen erhielt. Es ist sehr wahrscheinlich, dass das Haus, welches sich die Edelprostituierte Mizzi Caspar in einem vornehmen Wiener Viertel erwarb, vom Kronprinzen gekauft wurde, wofür seine Apanage bei Weitem nicht ausreichte. Offensichtlich stammte das Geld vom jüdischen Bankier Hirsch. In einer Zeit des zunehmenden Antisemitismus wurde der Thronfolger immer unbeliebter in der Bevölkerung, was dessen Stimmung weiter drückte. Gleichzeitig legte er eine ungewöhnliche Aktivität an den Tag, trank viel, schlief wenig und seine psychische Labilität wurde immer auffälliger.

Hinzu kam eine weitere Tatsache, welche mir bis jetzt nicht ausreichend beachtet scheint: Eine Geschlechtskrankheit konnte bei den ausgiebigen sexuellen Aktivitäten des Kronprinzen nicht ausbleiben, jedoch war es nicht die verbreitete Syphilis (deren Verlauf man bei rechtzeitiger Behandlung schon seinerzeit erheblich mildern konnte), sondern mit ziemlicher Sicherheit die damals nicht behandelbare Gonorrhoe (gemeinhin: Tripper), die bei Rudolf ausgeprägte Symptome hervorrief: u. a. Gelenkschmerzen und eine schwere Bindehautentzündung. Nicht unwahrscheinlich, dass sich der Kronprinz als ein ohnehin dem Tode Geweihter ansah. Zur Bekämpfung von Hustenanfällen nahm der Erzherzog Morphin, dessen Konsum er aber auch nach Besserung des Hustenreizes fortsetzte. Bereits im März 1887, noch nicht einmal 30 Jahre alt, verfasste der Thronfolger ein detailliertes Testament. Am Heiligabend 1888, etwa einen Monat vor Rudolfs Freitod, spielte sich am kaiserlichen Hof eine ergreifende Szene ab, die bei Hamann (1995) geschildert ist – die bisherige und auch ein Großteil der nachfolgenden Darstellung ist weitgehend an die ausführliche Monografie dieser Autorin angelehnt. Hamann (1995, S. 416) gibt die (einer weiteren Quelle entnommene) Erzählung einer Hofdame wieder: »*Am Weihnachtsabend [...] führte die Kaiserin den Kronprinzen seiner Schwester als Braut zu und sagte ihm, sie hoffe, er werde, wenn einmal die Eltern tot wären, sich seiner Schwester immer warm annehmen. Da fiel ihr der Kronprinz um den Hals und brach in ein langes, nicht zu stillendes Schluchzen aus, durch das sie tief erschreckt wurde. Es war ein Vorzeichen der Katastrophe, die sich vorbereitete.*«

Der Tod war schon lange vorher ein Thema für den Kronprinzen. Berichtet wird, dass der Anatom Zuckerkandl[8], ebenfalls in Rudolfs jüdischem Bekanntenkreis, mit dem Thronfolger ein längeres Gespräch über den Tod führte, welches Hamann (1995, S. 418) unter Berufung auf eine andere Quelle so wiedergibt: »*Rudolf fragte ihn, ob es nicht unheimlich sei, im Anatomischen Institut zu wohnen, von Leichen und Skeletten umgeben, in einer Atmosphäre des Todes.* ›*Nein*‹, *antwortete Zuckerkandl,* ›*selbst Totenschädel besitzen eine gewisse Schönheit, und bald wird man mit der Idee vertraut, dass der Tod kein Unglück ist, sondern eine notwendige, wundervolle Erfüllung des Lebens.*‹ *Der Kronprinz schien von diesen Worten sehr frappiert zu sein und erwiderte entschlossen:* ›*Ja, man muß dem Gedanken an den Tod furchtlos ins Auge blicken.*‹ *Und er bat Emil Zuckerkandl, ihm einen Schädel zu schenken. Dieser sandte ihm einen besonders präparierten Schädel, den Rudolf dann bis zu seinem Tod auf seinem Schreibtisch stehen hatte.*« Hamann fährt mit eigenen Worten fort: »*Der Schädel blieb auf Rudolfs Schreibtisch, bald legte er einen Revolver dazu, ein für alle Besucher sichtbares Zeichen, dass er mit Selbstmordgedanken spielte. Es war derselbe Schädel, den die siebzehnjährige*

---

8 Emil Zuckerkandl war ein angesehener Professor für Anatomie an der Universität Wien, der zahlreiche wissenschaftliche Entdeckungen sein Eigen nennen konnte, darunter die des Zuckerkandl'schen Organs (Paraganglion aorticum abdominale). Überhaupt ist bemerkenswert, wie viele der österreichischen Gelehrten Juden waren, darunter nicht zuletzt Sigmund Freud, dessen Karriere im Klima des Antisemitismus um 1900 nicht gerade einer besonderen Förderung unterlag (s. Köhler 2014, S. 12 f.).

Mary Vetsera bald neugierig in die Hand nehmen sollte.«
(Hamann 1995, S. 418)

Zur weiteren Vorgeschichte gehört auch, dass Rudolf bereits seit dem Sommer 1888 vom Erschießen sprach, und zwar der Ehre wegen. Allein wollte er dies allerdings nicht tun, sondern schlug u. a. Mizzi Caspar (vielleicht auch weiteren Frauen) vor, ihn auf diesem letzten Weg zu begleiten. Mizzi lachte nur, denn warum sollte sie – in ihrem schönen Haus lebend, gekauft vom Kronprinzen, bezahlt sehr wahrscheinlich von einem Bankier – ihr luxuriöses Dasein so vorzeitig beenden! Sie gab allerdings die Selbstmordabsicht des Kronprinzen polizeilich zu Protokoll; ob die Information bis zum Kaiser drang, ist unklar.

Die nähere Vorgeschichte und der Doppelselbstmord

Diese begann damit, dass in das Leben des Thronfolgers eine neue Person eintrat, die Baronesse Mary Vetsera. Zum Zeitpunkt des eigentlichen Kennenlernens, vermutlich Anfang 1888, war sie gerade 17 Jahre alt, keine ausnehmend schöne oder in sonstiger Weise bemerkenswerte Person, welche jedoch allein aufgrund ihrer Jugend gewissen Charme ausstrahlte. Sie war sicherlich nicht die Einzige, die für den Kronprinzen schwärmte – ein Jahrzehnt vorher hatte sogar ihre Mutter diesem aufdringlich »nachgestellt«. Immerhin schaffte Mary es, in Kontakt mit dem Angebeteten zu treten; es kam zu zahlreichen intimen Begegnungen, wobei Rudolfs Kutscher Bratfisch das junge Mädchen über zwanzig Mal heimlich in die Hofburg fuhr. Vermutlich im August oder September wurde sie schwanger. In den Herbstmonaten beschäftigte sich das Mädchen zunehmend mit dem Thema Sterben, interessierte sich intensiv für den gerade in der Presse verbreiteten Fall eines misslungenen Doppelselbstmords, zeigte deutliche Stimmungsschwankungen. Es gilt als gut gesichert, dass am 13. Januar 1889 der feste Plan eines gemeinsamen Suizids in allen Einzelheiten festgelegt wurde; einige Tage später verfasste die 17-Jährige ihr Testament.

Als Tag des Doppelselbstmords wurde der 30. Januar festgelegt. Es galt also, noch 17 Tage zu überbrücken, wobei die Verhaltensweisen gespenstisch rational wirkten. So sollte Rudolf den Kaiser im März zu einem Besuch beim verhassten deutschen Kaiser begleiten und freute sich »unendlich«, dass ihm unmittelbar anschließend zur Verbesserung der politischen Beziehungen noch eine Reise nach Russland gestattet wurde – all dies im sicheren Bewusstsein, dann schon längst bestattet zu sein. Auch gab es eine heftige Auseinandersetzung mit Franz Joseph, die sich offenbar vornehmlich um die mittlerweile allgemein bekannte Affäre Vetsera drehte; die Aussage des Kaisers, Rudolf sei als sein Nachfolger nicht würdig, verstörte den Kronprinzen tief – obwohl er sich klar war, ohnehin nie die Krone zu tragen. Daneben erledigte der Thronfolger Routinetätigkeiten, beantwortete beispielsweise gewissenhaft die Anfrage eines Schweizer Ornithologen, der ihn um seine Meinung bezüglich eines seltenen Waldhuhns bat. Zu den Routinetätigkeiten gehörte übrigens auch, dass Rudolf weiter seine Maitresse Mizzi Caspar besuchte, bis drei Uhr nachts blieb, das noch am 28. 1., wobei er ihr mitteilte, er wolle sich in Mayerling erschießen.

Dass ein siebzehnjähriges Mädchen dem Tod nicht gelassen entgegensah, war wenig überraschend: Sie zeigte deutliche psychische Schwankungen. So berichtet Hamann (1995, S. 445): »*Helene Vetsera fand [...] Mary am Abend, im Bette, leichenblaß und von einer Art Nervenanfall befallen.*« Einen Tag später schon fiel Mary bei einer Abendgesellschaft »*durch ihre geradezu triumphale Schönheit*

auf, dasselbe Mädchen, das am Abend vorher noch kraft-
los und verzweifelt zusammengebrochen war« (Hamann
1995, S.451).

Mittlerweile kam allem Anschein nach dem Thronfolger doch die Einsicht, dass es nicht recht sei, einen schwär-
merischen »Backfisch« mit ins Jenseits zu nehmen, und er
versuchte – hier ist allerdings die Berichterstattung wenig
eindeutig – mithilfe von anderen Personen, Mary vom gemeinsamen Vorhaben abzuhalten, was diese jedoch von
sich wies. So rückte der anvisierte Tag immer näher.

Am 28. Januar verfasste Rudolf einen Brief an einen be-
freundeten ungarischen Hofbeamten, in dem er seinen
Selbstmordplan mitteilte und ihn beauftragte, die in einem
dem Brief beigelegten »letzten Willen« als Zusatz zum früheren Testament geäußerten Wünsche zu erfüllen. Dazu
gehörte, eine beträchtliche Geldsumme, welche in Rudolfs
Schreibtisch deponiert war, Mizzi Caspar zu übergeben,
außerdem vier ebenfalls im Schreibtisch eingeschlossene
Abschiedsbriefe zu übersenden. Einer ging an Mizzi Caspar, ein anderer an den großzügigen Geldgeber Baron
Hirsch – die Inhalte beider Briefe sind unbekannt. Ein weiterer war an seine Tochter Valerie adressiert und ein sehr
freundlicher Brief auch an seine Ehefrau, welcher den bemerkenswerten Satz enthielt: »*Ich gehe ruhig in den Tod,
der allein meinen guten Namen retten kann.*« (zit. nach
Hamann 1995, S.458)

Um die Mittagszeit fuhr der Kutscher Bratfisch mit
Mary Vetsera an einen Treffpunkt nahe des Jagdschlosses
Mayerling. Der Baronin Vetsera täuschte man über einige
Mittelspersonen vor, ihre Tochter Mary sei mit ungeann-
tem Ziel geflohen. Zu etwa derselben Zeit verabschiedete
Rudolf sich im Jagdanzug eher beiläufig von seiner Frau,
schickte seinen Jagdaufseher nach Mayerling und ließ sich

dann mit einer Droschke zum vereinbarten Treffpunkt bringen, von wo aus Bratfisch das Paar ins Jagdschloss fuhr. Dort wurde Mary unauffällig eingeschleust; sie begab sich sogleich in Rudolfs Zimmer, das sie (für wenige Stunden ausgenommen) nicht mehr lebend verlassen sollte. Der Kronprinz legte sich auffallend früh schlafen.

Was wäre eine Jagd, auch wenn oder gerade weil sie wissentlich die letzte sein würde, ohne Jagdgäste? Dies waren zum einem der Prinz Coburg, der schon am frühen Nachmittag nach Wien verabschiedet wurde, u. a. mit dem Auftrag, mitzuteilen, dass Rudolf an dem für den Abend angesetzten Familiendiner in der Hofburg wegen seines Schnupfens nicht erscheinen würde. Der andere war ein Graf Hoyos, welcher blieb und ein wichtiger Zeuge der dramatischen Ereignisse sein sollte. Übrigens nahm der Thronfolger nicht an der Jagd teil, sich dabei auf den gerade eingefangenen Schnupfen berufend. Er verbrachte den Tag anscheinend in der Abfassung von bis heute nicht auffindbaren Briefen. Immerhin speiste er mit Hoyos zu Abend, das treibend, was man als Small Talk bezeichnen würde. Er verabschiedete sich früh und Hoyos verbrachte die Nacht außerhalb des Jagdschlosses.

Inzwischen war der musikalisch talentierte Kutscher Bratfisch zurückgekehrt, verschaffte Rudolf und Mary im Billardzimmer mittels Pfeifen beliebt-bekannter Lieder einen letzten vergnüglichen Abend, wobei sicher das eine oder andere Glas Wein die Stimmung aufgebessert hatte und sorgenbrechend gewirkt haben dürfte. *»Der Fiaker und Kunstpfeifer«*, so Hamann (1995, S. 468), *»war der letzte Mensch, der Mary lebend sah. Er sollte später der Baronin zum Trost sagen, wie fröhlich die Siebzehnjährige in ihren letzten Stunden gewesen war.«*

Am Nachmittag oder Abend wurden weitere Briefe verfasst: Mary schrieb an ihre Mutter und ihre Geschwister, Rudolf endlich doch an seine Mutter. Zwar ist der Brief später verloren gegangen, allerdings ist sein Inhalt bekannt und die wichtigste Information darin war die, dass der Kronprinz an der Seite Marys auf dem Friedhof des nahe gelegenen Klosters Heiligenkreuz begraben werden wollte.

Mittlerweile war man am Hof durch das Nichterscheinen Rudolfs unruhig geworden, umso mehr, als weitere Details – neben dem Verschwinden der Mary Vetsera – bekannt wurden; einige der eingeweihten Personen hatten nun endlich doch ihr Schweigen gebrochen. Man telegrafierte hektisch nach Mayerling (bzw. die nächste Telegrafenstation), bekam jedoch keine Antwort zurück. Am nächsten Morgen schickte der Polizeipräsident einen Agenten nach Mayerling, der nur mehr über das eingetretene Unglück berichten konnte.

Was genau geschah, lässt sich nur bedingt rekonstruieren und gab natürlich Anlass zur Mythenbildung. Der – wie mittlerweile feststeht – in einigen Details nicht korrekte Bericht von Rudolfs Diener lautete, dass Rudolf ihm noch am frühen Morgen des 30. Januar den Befehl gab, anspannen zu lassen. Dann aber: »*Ich war noch im Hofe draußen, als ich 2 Detonationen hörte, ich lief sofort zurück, der Pulvergeruch kam mir entgegen, ich stürmte zum Schlafzimmer, doch es war entgegen der Gewohnheit – Rudolf sperrte das Zimmer nie ab – abgesperrt.*« (zit. nach Hamann 1995, S. 474) Der Diener holte Graf Hoyos, man brach die Tür ein und der Bericht geht weiter: »*Welch grauenhafter Anblick – Rudolf lag entseelt auf seinem Bette angezogen, Mary Vetsera ebenfalls auf ihrem Bette vollständig angekleidet. Rudolfs Armeerevolver lag neben ihm. [...] Gleich beim ersten Anblick konnte man*

sehen, dass Rudolf zuerst Mary Vetsera erschossen hatte
und dann sich selbst entleibte. Es fielen nur zwei wohlge-
zielte Schüsse.« (Hamann 1995, S. 474 f.)

Was danach geschah

Nun galt es, den Angehörigen der Suizidierten den Sachverhalt mitzuteilen und die Leichen einigermaßen korrekt
zu bestatten. Dem Kaiser teilte Graf Hoyos, der unmit-
telbare Augenzeuge bei der Auffindung der Leichen, mit,
Rudolf sei vergiftet worden (durch Mary Vetsera). Die Öffentlichkeit wurde zunächst darüber informiert, dass der
Kronprinz an einem »Herzschlag« gestorben sei; allerdings
war schon sehr bald unter der Hand die Version aufge-
taucht, er hätte sich erschossen. Als der kaiserliche Leibarzt, der Rudolfs Leiche untersucht hatte, am späten Abend
dem Hof die tatsächliche Todesursache mitteilen wollte,
war der Kaiser bereits nicht mehr zu sprechen, sodass er
erst am nächsten Morgen den tatsächlichen Sachverhalt
erfuhr. Hamann (1995, S. 479 f.) gibt unter Berufung auf
eine weitere Quelle Teile des Gesprächs so wieder: »*Er-*
schüttert von der Größe des väterlichen Schmerzes muß
Dr. Widerhofer nun berichten, wie die Tatsachen an Ort
und Stelle – die sorgsame Aufbahrung der Baronessse, die
Art des Schusses, der zur größeren Sicherheit vor einem
am Nachtkästchen angebrachten Spiegel abgegeben wor-
den war – jeden Zweifel darüber ausschlössen, dass der
Kronprinz die Waffe gegen sich selbst gerichtet habe. Der
Kaiser bricht für einen Augenblick völlig zusammen und
weint in verdoppeltem Schmerz.«
Die Leiche Rudolfs wurde obduziert, wobei der Befund
lautete, »*der Selbstmörder habe im Zustand der Geistes-*
verwirrung Hand an sich gelegt« (zit. nach Hamann 1995,
S. 480) – auch die heutige pathologische Anatomie könnte

Abb. 2-6 Grab der Mary Vetsera auf dem Friedhof des Klosters Heiligenkreuz.

nicht solch sichere Aussagen treffen und die vor weit mehr als einem Jahrhundert schon gar nicht.[9] Durch dieses Gefälligkeitsgutachten stand jedoch einer Bestattung in der Kapuzinergruft nichts im Wege – über den ausdrücklichen Wunsch des Kronprinzen, an der Seite von Mary Vetsera auf dem Friedhof des Klosters Heiligenkreuz begraben zu

9 Explizit hieß es, man habe pathologische Befunde in Rudolfs Hirn gefunden, »*die erfahrungsgemäß mit abnormen Geisteszuständen einherzugehen pflegen*« (zit. nach Hamann 1995, S. 485).

werden, setzte man sich hinweg. Es war kein großes Staatsbegräbnis mit illustren auswärtigen Gästen; immerhin gab man den Wienern die Gelegenheit, am offenen Sarg des Kronprinzen vorbeizudefilieren und seinen mit Wachs präparierten Schädel mit der Schusswunde zu bestaunen.

Komplizierter war es mit »der Vetsera«, die ja erschossen worden war, was eine polizeiliche Untersuchung erfordert hätte. Ein Mediziner attestierte bei ihr einen Selbstmord durch Erschießen, was insofern unmöglich sein konnte, als sich die Eintrittswunde in der linken Schläfe befand, während das Mädchen Rechtshänderin war. Dann hätte sie eigentlich nicht in geweihter Erde begraben werden dürfen. Das geschah aber dennoch, und zwar eben auf dem Friedhof von Heiligenkreuz, wo das Grab gut besucht ist und die Besucher eindrücklich an die Tragödie von Mayerling mahnt (▸ Abb. 2-6).

2.4.3 Erweiterte Suizide

Erweiterte Suizide sind jene Fälle, in denen eine Person ungefragt weitere Menschen mit in den Tod nimmt. Nicht ganz selten geschieht das im Rahmen der postpartalen Depression (»Kindbettdepression«), indem die nach der Niederkunft (meist schon davor) schwer depressive Mutter ihr eben Geborenes, oft auch ihre anderen Kinder, und sich selbst tötet. Im Gegensatz zu den sonstigen Selbstmorden bei Frauen, in denen eher »sanfte« Suizidmethoden gewählt werden, erfolgt dies häufig in extrem autoaggressiver Form, beispielsweise wenn die Mutter, das Kind in den Armen, von einem Hochhaus oder vor einen Zug springt.

Einen erweiterten Suizid begingen der Propagandaminister Joseph Goebbels und seine Frau Magda, die, als sie sich am 1. Mai des Jahres 1945 im Berliner Führerbunker mit Blausäure (Zyankali) vergifteten, vorher mit Gift ihre sechs gemeinsamen Kinder (alle zwischen sieben und zwölf Jahre alt) töteten. Einzelheiten sind nicht klar, etwa ob dies mit Barbituraten geschah, die den Kindern in den Kakao gemischt wurden, oder ebenfalls mit Zyankali; auch ist nicht sicher, ob die Tötung der Kinder durch damit beauftragte Ärzte geschah. Vergleichsweise gesichert ist, dass das Ehepaar nach dem Tod der Kinder noch einige Stunden lebte, bis es Hand an sich legte.

Der bekannteste und spektakulärste erweiterte Suizid ist zweifellos der Absturz der Germanwings-Maschine im Jahre 2015, als sich der Erste Offizier auf dem Flug von Barcelona nach Düsseldorf allein im Cockpit einschloss und das Flugzeug gegen ein Felsmassiv in den französischen Westalpen steuerte. Alle 150 Insassen kamen ums Leben.

2.4.4 Kollektive Selbstmorde: Die Eroberung von Masada

Nicht ganz ungewöhnlich sind auch Massensuizide (meist von religiösen Sekten). Der bekannteste Massenselbstmord geschah hingegen von sehr rational denkenden Menschen und resultierte aus dem Entschluss, nicht in die Hände der Feinde zu fallen und speziell den Frauen jene Übergriffe zu ersparen, die bei erobernden Soldaten an der Tagesordnung sind; es handelt sich um die berühmten Ereignisse von Masada.

Zur Vorgeschichte

Dem Römischen Reich mangelnde Expansionsneigung vorzuwerfen, wäre ein krasser historischer Fehler. Nicht nur, dass man römische Städte oder zumindest Bauten bis hoch an den Niederrhein und bis zur Mitte Englands findet, auch die anderen Kontinente der Alten Welt zeugen davon: In Nordafrika sei lediglich an Volubilis in Marokko, an das Amphitheater in der tunesischen Stadt El Djem oder an Leptis Magna in Libyen erinnert. Auch das westliche Asien gehörte zum Imperium: Ephesus in der Türkei war eine der größten Städte des Römischen Reiches, dann gab es u. a. noch die ausgedehnte Provinz Syria (wo beispielsweise in Baalbek und Palmyra römische Bauten das Bild wesentlich prägen). Hinzu kommt die im gegebenen Kontext relevante Provinz Judäa, die flächenmäßig ungefähr mit dem heutigen Staat Israel und dem Westjordanland zusammenfällt.

Diese Provinzen hatten durchaus eine gewisse Eigenständigkeit. Zwar gab es römische Landpfleger *(procuratores)* – für Judäa ist uns aus der Bibel bestens Pontius Pilatus bekannt, daneben regierten jedoch Herrscher von Roms Gnaden, etwa der berühmte Herodes der Große, der laut einem der Evangelien den (wahrscheinlich nie stattgefundenen) Kindermord befohlen haben soll, aber auch bedeutende bauliche Leistungen erbrachte. Dazu gehört insbesondere die Errichtung des prächtigen Herodianischen Tempels auf dem heutigen Tempelberg, wo seit der Zerstörung des Tempels Salomons im 6. Jahrhundert v. Chr. durch die babylonischen Eroberer nur ein schlichtes Bauwerk stand. Obwohl aus der Region stammend, war Herodes selbst kein Jude und deswegen trotz seiner Förderung der Jahwe-Religion in der Bevölkerung unbeliebt, erst recht seine auf dunklen Wegen ins Amt gehobenen Nachfolger und natürlich die römischen Besatzer (obwohl es der Bevölkerung besser gegangen sein dürfte als in langen Zeiten davor und danach).

Der Jüdische Krieg

Hungersnöte und einige religiös provokative Maßnahmen der Besatzer führten ab 66 n. Chr. zu ersten Aufständen, die sich insofern kompliziert gestalteten, als die Aufrührer sich untereinander bekriegten und keineswegs alle die fundamentalistischen Positionen der Zeloten (»Eiferer«) für gut hielten. So schlug sich beispielsweise der aufständische Jude Josephus bald auf die Seite der Römer, nahm nach seinem Gönner Flavius Vespasianus den Namen Flavius Josephus an und wurde römischer Bürger; seinem Werk »Der jüdische Krieg« *(De bello Judaico)* verdanken wir die Beschreibung der Ereignisse, natürlich stark aus der Sichtweise der Besatzer. Nachdem sich einer der Nachfolger des Pontius Pilatus auch noch am Tempelschatz vergriffen hatte, wurden die Kämpfe heftiger, sodass Kaiser Nero den Feldherrn (und späteren Kaiser) Vespasian und dessen Sohn Titus (als Kaiser Nachfolger seines Vaters) mit einer großen Anzahl Soldaten ins Land schickte; daraufhin wurde auch schnell Jerusalem erobert und der Tempel zerstört. Die berühmte Titussäule in Rom, die u. a. Soldaten zeigt, welche die Menora (den siebenarmigen Leuchter) wegschleppen, glorifiziert diese Vorgänge. Mit der Eroberung Jerusalems war der Jüdische Krieg de facto beendet, formal erst mit der Eroberung Masadas drei oder vier Jahre später.

Masada

Westlich nahe des Toten Meeres erhebt sich, unmittelbar steil aus der Ebene ansteigend, ein Felsplateau, 450 Meter hoch und mit einem Durchmesser von etwa 300 × 600 Meter, welches allerdings, noch weiter nach Westen, erheblich sanfter abflacht und nur noch eine zu überwindende Höhendifferenz von weniger als 100 Metern bietet. Auf dem Plateau stand schon seit vielen Jahren eine Palastanlage des erwähnten Herodes, welche durch ein ausgeklügeltes System gut mit Wasser versorgt war. An diesem Ort suchten nach der Eroberung Jerusalems etwa 1000 Personen Zuflucht. Erst kümmerte sich die Besatzungsmacht wenig darum, schickte aber schließlich doch Militär zum Angriff. Dies geschah natürlich von Westen aus, und zwar mittels einer mächtigen Erdrampe, welche die Soldaten in monatelanger Arbeit, geschickt geschützt vor den Geschossen der Verteidiger, aufwarfen. Im trockenen Klima bestens erhalten, bietet sie noch heute einen imponierenden Anblick.

Im Folgenden halten wir uns an die Darstellung des Flavius Josephus, die trotz einiger Ungereimtheiten immer noch als die den Fakten am nächsten kommende gilt. Danach gelang es den Angreifern zwar nach Erreichen ihres Zielpunkts noch in der Nacht, den Verteidigungsring zu zerschlagen; mit dem Eindringen warteten sie jedoch bis zu den Morgenstunden, was den Eingeschlossenen Zeit verschaffte, ihren sicher längst diskutierten Plan zu verwirklichen. Flavius Josephus (Jüdischer Krieg, Buch 7, 394–397, wiedergegeben nach einer der zahlreichen Übersetzungen) schreibt: »*So warfen sie schnell den ganzen Besitz zu einem Haufen zusammen und legten Feuer an ihn. Durchs Los wählten sie darauf zehn Männer aus ihrer Mitte; sie sollten die Mörder aller anderen sein. Dann legte sich ein jeder neben die schon dahingestreckten Seinen, die Frau und die Kinder, schlang die Arme um sie und bot schließlich den Männern, die den unseligen Dienst auszuführen hatten, bereitwillig die Kehle. Ohne Wanken mordeten jene alle insgesamt; darauf bestimmten sie dasselbe Gesetz des Loses auch für sich untereinander. [...] Der einsame Letzte aber überschaute ringsum die Menge der Dahingestreckten. [...] Als er erkannte, daß alle getötet seien, legte er an vielen Stellen Feuer an den Palast. Dann stieß er mit geballter Kraft das Schwert ganz durch seinen Körper und brach neben den Seinen zusammen.«*

Ob diese Version stimmt, wird von verschiedenen Seiten bezweifelt. Auch dass sich eine Frau mit ihren Kindern versteckt hat und den Vorfall den Eindringlingen in genau dieser Weise schilderte, kann natürlich eine Erfindung sein. Dem Juden und römischen Staatsbürger Josephus gelang damit zweierlei: einerseits den Bericht von einem heldenhaften Massentod zu liefern, andererseits den Verdacht von den Eroberern zu nehmen, sich in der üblichen Weise nach dem Erfolg ausgetobt zu haben. Immerhin soll man auf dem Plateau zehn Tontafeln mit jeweils einem Namen entdeckt haben; andererseits fand man dort die Skelette von gerade 29 Personen, was wiederum eine unkontrollierte Massenflucht nahelegt.

Wie auch immer: Masada fungiert als Symbol des heldenhaften Widerstandes und bis in die 1990er-Jahre wurden die israelischen Rekruten an diesem Ort vereidigt.

2.5 Rätselhafte und nur scheinbar rätselhafte Todesfälle

2.5.1 Der Fluch des Pharao

Es handelt sich um eine Reihe von Todesfällen, die in ihrem exotisch-mystischen Rahmen zweifellos faszinieren und zur Verfassung zahlreicher Schriften angeregt haben, die sich bei genauerem Hinsehen allerdings als wenig überzeugend erweisen.

Das Ganze begann damit, dass Lord Carnavon, ein reicher englischer Lebemann und einer der ersten Automobilisten, auf einer Deutschlandreise unverschuldet einen schweren Autounfall hatte, der ihn beinahe das Leben kostete. Danach blieb seine Gesundheit zeitlebens angeschlagen; er litt an Atembeschwerden, sodass er sich entschloss, die Winter nicht im feucht-kalten England, sondern in Ägypten zu verbringen. Sein bevorzugter Ort war Luxor (Ost-Theben) in Oberägypten, dem gegenüber am anderen Nilufer West-Theben mit dem Tal der Könige liegt.

Dort wurden so gut wie alle Pharaonen des Mittleren Reiches in prächtig gestalteten Grabkammern bestattet, eingebettet in goldenen Schreinen und umringt von edelsten Grabbeigaben. Alle diese Kammern waren jedoch – oft schon kurz nach der Beisetzung des Verstorbenen – von professionellen Grabräubern geplündert worden, sodass die mit Beginn des 19. Jahrhunderts in größerer Zahl eingetroffenen Archäologen mehr oder weniger leere, wenn auch herrlich ausgemalte Räume fanden. Gleichwohl waren Grabungen in dieser Gegend äußerst faszinierend und lieferten wertvolle historische Erkenntnisse. Auch Lord Carnavon wurde zum begeisterten Gräber, und zwar an der Seite eines archäologisch zwar begabten, jedoch mittellosen Briten mit Namen Howard Carter, eines professionellen Grabforschers. Dieser setzte, großzügig dotiert von Seiner Lordschaft, unterstützt von zahlreichen einheimischen Männern (Fellachen), seine Arbeiten fort, wenn Carnavon im heimischen England weilte.

Man buddelte allerdings nicht einfach so herum, in der Hoffnung, etwas Unbekanntes und Unversehrtes zu finden. Vielmehr hatte Carter die begründete Vermutung, dass das Grab eines Pharaos tatsächlich nie gefunden wurde, nämlich das des Tutenchamun, der zwar nur kurz regierte (von etwa 1332 bis 1323 v. Chr.) und mit knapp 20 Jahren starb, jedoch mit Sicherheit standesgemäß bestattet wurde. Allerdings dauerte die Suche schon sechs

Jahre, das Verhältnis zwischen Lord Carnavon und Carter hatte sich merklich abgekühlt und es war klar, dass der Geldgeber sich demnächst von dem Projekt zurückziehen würde. Gerade noch zur rechten Zeit entdeckte Carter ein versiegeltes Grab; zwar stellte man fest, dass auch hier Grabräuber eingedrungen waren, letztlich aber nur wenig entwenden konnten und dass der Eingang nachträglich wieder mit einem Siegel versehen wurde. Die Plünderungen betrafen nur den Zugang und Teile der Vorkammer; die Hauptkammer mit der Mumie des Pharaos unter seiner goldenen Maske lag ungestört dort über 3000 Jahre.

Nachdem Carter die (nach-)versiegelte Tür gefunden hatte, ließ er den Eingang wieder zuschütten, zudem streng bewachen und telegrafierte an Lord Carnavon, möglichst rasch aus England zur Öffnung zu erscheinen. Dieser kam mit seiner Tochter am 23. November 1922 in Luxor an. Schon am Tag darauf begann man mit der teilweisen Öffnung der Vorkammer mittels eines kleinen Lochs, welches einen Blick gestattete und wertvolle Gegenstände zeigte. In dieser Vorkammer wurde auch ein Tontäfelchen gefunden mit der Inschrift: »Der Tod wird den mit seinen Schwingen erschlagen, der die Ruhe des Pharaos stört.« Allerdings ist das Täfelchen später verschwunden, wurde auch nie fotografiert, seine Erwähnung in den Protokollen später gestrichen (angeblich, um die abergläubischen Arbeiter nicht zu erschrecken), sodass seine Existenz nur durch Hörensagen belegt ist[10] (Darstellung, auch des Weiteren, im Wesentlichen nach Vandenberg 1974, S. 10 ff.).

---

10 Trotzdem ist dies glaubhaft, da in anderen ägyptischen Grabkammern ähnliche Fluchsprüche gefunden wurden und in der Hauptkammer des Tutenchamun-Grabes auf einer Figur ein sinngemäß gleicher Spruch eingraviert war.

Carter gelang es, weitere Archäologen als Mitarbeiter an dem Projekt zu gewinnen, er führte sehr gründliche Ausgrabungen durch und protokollierte akribisch die Funde der Vorkammer, sodass erst am 17. Februar die Hauptkammer geöffnet werden konnte. Zu diesem Zweck war Lord Carnavon mit Tochter erneut angereist; zudem waren noch etwa 20 weitere Personen anwesend, teils namhafte Archäologen, teils hohe Regierungsbeamte, zudem ausgelesene Journalisten (▸ Abb. 2-7). Viele von ihnen sollten – so wenigstens Vandenbergs Darstellung – ihre Anwesenheit bei der Störung der Grabesruhe mit baldigem Tode büßen: *»Und noch wußte keiner, daß bald dreizehn von ihnen tot sein würden.«* (Vandenberg 1974, S. 23)

Der erste, in der Tat mysteriöse Tod betraf allerdings ein Tier: Howard Carters Kanarienvogel, den er in einem

Abb. 2-7   Lord Carnavon und Howard Carter (links) auf den Stufen zum Grab des Tutenchamun.

Käfig vor seiner Behausung nahe des Tals der Könige hielt, wurde von einer Kobra gefressen.[11] Pikanterweise war die Kobra neben dem Geier Zeichen der Pharaonenkronen (natürlich auch jener, welche die goldene Maske auf Tutenchamuns Grab zierte).

Die Idee vom Fluch des Pharao, die natürlich in der Presse für dankbare Schlagzeilen und interessierte Leserschaft sorgte, entstand aufgrund des Todes von Lord Carnavon genau sechs Wochen später: Er hatte beim Rasieren einen Fliegenstich auf seiner Wange aufgeschnitten, litt zwölf Tage an Fieberanfällen und verschied zur Nachtzeit. Laut den Erinnerungen seiner Schwester hatte er in den Fieberträumen von Tutenchamun fantasiert und seine letzten Worte sollen gewesen sein: »*Ich habe seinen Ruf vernommen, ich folge ihm.*« (zitiert nach Vandenberg 1974, S. 27) Just zu diesem Zeitpunkt soll in Carnavons englischem Schloss seine geliebte Hündin plötzlich tot umgefallen sein und wenige Minuten nach dem Tod des Lords gab es in ganz Kairo für drei Minuten einen Stromausfall. Ob diese Ereignisse wirklich so geheimnisvoll sind, kann man bezweifeln; schließlich war Carnavon seit Jahrzehnten lungenkrank und sein Tod mit 57 Jahren keine wirkliche Überraschung. Kurz danach starb ein amerikanischer Archäologe, der ebenfalls bei der Öffnung des Grabes anwesend war; auch er dürfte nicht mehr ganz jung gewesen

---

11 Wie sehr bei diesen Berichten Dichtung und Wahrheit verschwimmen, ist deutlich an Folgendem zu sehen: In seinem Buch »Der Fluch der Pharaonen« erwähnt Vandenberg diese Vogelepisode gar nicht, in einem späteren Buch dann doch, verlegt sie aber in die Zeit des Todeskampfes von Lord Carnavon. Nach wieder anderen Berichten fand die Attacke der Kobra sechs Wochen früher statt, just in dem Augenblick, als die eigentliche Grabkammer mit dem Sarkophag geöffnet wurde.

sein; zudem waren die sanitären Verhältnisse im Ägypten der 1920er-Jahre alles anderes als optimal und die medizinische Versorgung vor Einführung der Antibiotika mit Sicherheit noch schlechter als in Europa. Dass Carnavon und der Archäologe nicht in einem Krankenhaus starben, sondern in Zimmern des besten Kairoer Hotels, ist ein Beleg für diesen Sachverhalt. Die weiteren Todesfälle der an der Öffnung Beteiligten werden lediglich aufgezählt, offenbar weil sie doch nicht so »bald« aufgetreten sind und die Umstände weniger spektakulär waren. Wenn 1929 Carters Sekretär (damals ebenfalls anwesend) aufgrund dieses Fluchs gestorben sein soll, dann hat er mit einer Verzögerung von gut sieben Jahren zugeschlagen. Und der Fluchwürdigste von allen, der die Totenruhe des Tutenchamun überhaupt erst gestört hat, Howard Carter, starb mehr als 17 Jahre später, nämlich 1939, mit 64 Jahren.

2.5.2 Der Tod von Papst Johannes Paul I.

Ein ähnlicher Bestseller wie Vandenbergs »Der Fluch der Pharaonen« wurde 1984 das Buch von David Yallop »Im Namen Gottes? Der mysteriöse Tod des 33-Tage-Papstes Johannes Paul I.«. Während Vandenberg zwar oft vom Thema abkommt und ausgiebig spekuliert, aber offenbar nie wirklich Unwahrheiten erzählt, gibt Yallop wörtliche Aussagen des Papstes wieder, die nie so gefallen sein können, und verschweigt entscheidende Tatsachen über den tatsächlichen Gesundheitszustand des Heiligen Vaters.

In Canale d'Agordo (auch: Forno di Canale), einem kleinen Ort am Südrand der Dolomiten, der auf mich an einem verregneten Sonntagnachmittag vor etwa 40 Jahren einen ungeheuer trostlosen Eindruck machte, wurde im Jahre 1912 Albino Luciani als Sohn eines Wanderarbeiters geboren. Nach dem Besuch des Priesterseminars und dem Empfang der Weihen arbeitete er einige Zeit als Kaplan und Religionslehrer, um danach ein Studium der Theologie und Philosophie in Rom zu beginnen, wo er mit 34 Jahren promovierte. Anschließend war er etwa ein Jahrzehnt an einem Priesterseminar tätig, um schließlich Bischof einer eher kleinen Diözese zu werden. 1969 wurde er zum Patriarchen von Venedig ernannt und erhielt einige Jahre später die Kardinalswürde. Damit wurde er zu einer der bedeutendsten Personen der katholischen Kirche: Von den sechs Päpsten, die vor ihm im 20. Jahrhundert gewählt wurden, waren immerhin zwei die Patriarchen von Venedig, nämlich Giuseppe Sarto (Pius X.) und Angelo Giuseppe Roncalli (Johannes XXIII.).

Ob Kardinal Luciano wirklich ein papabile, also ein gesetzter Kandidat, war, als er Ende August 1978 mit seinem klapprigen Auto nach Rom zum Konklave fuhr, das den Nachfolger Pauls VI. wählen sollte, ist unklar. Tatsache jedoch ist, dass er sich als Kandidat des liberaleren Flügels in einem ungewöhnlich kurzen Konklave gegen den konservativen Kardinal Siri durchsetzte – wahrscheinlich hatte die extreme Hitze die Papstfindung wesentlich beschleunigt. So bestieg Albino Luciani unter dem Namen Johannes Paul I. als 262. Papst den Stuhl Petri.

Eher bezweifelt muss werden, dass sich der Papst nach dem anstrengenden Konklave, nach den ausgedehnten Inaugurationsfeierlichkeiten und den zu Beginn eines Pontifikats üblichen Routinebesuchen sofort an das Werk einer großen Veränderung machen wollte (z. B. diverse Personalwechsel vorzunehmen, um die dunklen Geschäfte der Vatikanbank transparent zu machen) – wie es suggeriert wird.

Am 28. September (33 Tage nach seiner Wahl) ging der Papst gegen 21.30 Uhr zu Bett, wobei – was Yallop verschweigt – er sich bereits nicht wohlgefühlt hatte und über Schmerzen und Husten klagte. In den frühen Morgenstunden des 29. (genauer: gegen 5.00 Uhr) wurde er tot in seinem Bett aufgefunden, wobei es in der Tat einige Ungereimtheiten in der offiziellen Darstellung gab (welche allerdings nicht gravierend sind und sich als Versuch verstehen lassen, dem Vorgang eine gewisse Dignität zu verleihen). So habe die Vorsteherin des päpstlichen Haushalts gegen 4.30 Uhr an das Schlafzimmer geklopft und das Tablett mit dem Frühstück vor die Tür gestellt. Als dieses eine halbe Stunde später noch unberührt dastand, habe sie die Privatsekretäre des Papstes informiert, welche eindrangen und die Leiche des Pontifex fanden; dieser saß angeblich mit einigen Kissen im Rücken im Bett, eine Schrift in der Hand, die Brille auf der Nase und, wie es heißt, mit entspanntem, lächelndem Gesicht. Der Pathologe Bankl (1999b, S. 74 ff.), dem diese Darstellung auch weitgehend folgt, hält dies für unmöglich: Durch die nach dem Tode eingetretene Erschlaffung der Muskulatur wäre der Körper abgesunken und die Blätter wären aus der Hand geglitten. Im Totenschein stand »Plötzlicher Tod – durch einen akuten Myokardinfarkt«, was in der Tat nicht unwahrscheinlich wäre, jedoch ohne Obduktion nicht zu beweisen ist. Dass Letztere nicht stattfand – nach Kirchenrecht wäre dies durchaus möglich gewesen –, war im Rückblick ein Fehler, denn es hätte die wilden, bald einsetzenden Spekulationen verhindern können. Schnell kam das Gerücht auf, der unbequeme Heilige Vater sei vergiftet worden, wie es im finsteren Mittelalter tatsächlich mehrfach der Fall war. Hier war es allerdings höchst unwahrscheinlich, denn zum Papst wird man, sofern nicht zur intimsten Umgebung gehörig, schwer vorgelassen; dass bereits nach knapp einem Monat ein Komplott ausgeklügelt und mit Unterstützung von Personen des unmittelbaren Kreises geschehen konnte, dürfte eigentlich selbst die verschrobenste Fantasie nicht glauben.

Nicht berücksichtigen (bzw. bewusst verschweigen) diese Verschwörungstheoretiker, dass bereits der Patriarch und Erzbischof von Venedig, Albino Kardinal Luciani, kein gesunder Mann war. Beispielsweise hatte sich 1975 ein Blutgefäß des linken Auges durch ein Blutgerinnsel verschlossen, welches gerade noch rechtzeitig aufgelöst werden konnte. Seither musste der Patient Medikamente zur Hemmung der Blutgerinnung einnehmen. Zudem hatte Luciani wohl schon länger, besonders aber nach seinem Umzug in den Vatikan, deutlich geschwollene Beine (wozu sicher auch die große Sommerhitze beitrug). Bankl (1999b, S. 77 f.) vermutet ein Krampfaderleiden, welches einen Risikofaktor für die Bildung von Blutpfropfen darstellt, die dann leicht ein Gefäß in der Lunge verstopfen können (Lungenembolien, die häufig tödlich enden). Meines Erachtens sprechen die Beinschwellungen eher (oder zumindest zusätzlich) für eine Rechtsherzinsuffizienz mit Rückstau von Blutflüssigkeit.

Woran starb dann schließlich der Pontifex? Bankl (1999b) schließt die im Totenschein angegebene Diagnose Myokardinfarkt nicht aus, hält aber auch eine Lungenembolie oder eine Herzrhythmusstörung für denkbar. Schließlich erwähnt er eine weitere mögliche Todesursache, die ich angesichts der Beinschwellungen sogar für die wahrscheinlichste halte, nämlich ein »akutes Versagen der rechten Herzkammer«. Eine Obduktion hätte in der Tat sehr weitergeholfen.

2.5.3 Die Mär vom Mord am Märchenkönig: Das Ende Ludwigs II. im Starnberger See

Während der Fluch des Pharao über viele Jahre immer wieder durch die Presse ging – insbesondere wenn wieder einmal eine Person starb, die das Grab Tutenchamuns besucht hatte oder gar bei dessen Öffnung anwesend war –, verlor das Thema irgendeinmal an Interesse. Auch weiß heute kaum mehr jemand, wer Johannes Paul I. war.

Anders ist es mit einem Tod, der sich vor weit mehr als einem Jahrhundert ereignete, aber in gewissen Kreisen eines deutschen Stammes noch heute für hitzige Diskussionen sorgt. Ich meine das Volk der Bayern und der Tote ist deren letzter »richtiger« König Ludwig II. (▶ Abb. 2-8).[12]

Obwohl die Umstände von Ludwigs Tod meines Erachtens absolut geklärt sind, gibt es heute noch zahlreiche Personen, die der festen Überzeugung sind, der zwar exzentrische, jedoch geistig absolut normale König sei ermordet worden. Die vielen König-Ludwig-Vereine könnten nicht bestehen, wenn ihre Mitglieder der Meinung wären, ihr

---

12 Um das Ganze historisch ein wenig zu präzisieren: Nach Ludwigs Tod 1886 wurde sein jüngerer Bruder Otto formal König. Da dieser jedoch unzweifelhaft geisteskrank war (er litt sehr wahrscheinlich an einer schweren Schizophrenie; s. Köhler 2017, S. 99 ff.), übernahm sein Onkel Luitpold (Sohn des Königs Ludwig I.) als »Prinzregent« für mehr als ein Vierteljahrhundert dessen Amt. Als dieser 1912 starb, wurde sein Sohn Ludwig zunächst ebenfalls Prinzregent, sorgte aber mit einer komplizierten juristischen Konstruktion dafür, dass er – obwohl Otto nie abgesetzt wurde, geschweige von selbst abdankte – als Ludwig III. letzter bayerischer König wurde. 1918 wurde er, um es pathetisch zu formulieren, vom Thron gestoßen, dankte aber nie formal ab. Nach seinem Tod 1921 setzte man ihn nach königlichem Zeremoniell in der Münchner Frauenkirche bei.

Abb. 2-8 Denkmal von König Ludwig II. in Grassau (Oberbayern): Büste eines Geisteskranken oder eines Mörders?

Idol sei ein schwer Geisteskranker gewesen, der, um seinen Selbstmord im See vollziehen zu können, noch den ihn begleitenden Nervenarzt getötet habe. Diese Ludwig-Verehrung treibt groteskeste Blüten.

Die Guglmänner

Es war bereits mittelalterliche Tradition, dass bei vornehmen Beerdigungen oft dem Sarg eine Abordnung von Männern in Kutten voranging, die ihr Gesicht mit schwarzen Kapuzen (Gugeln) verhüllten. In der Verfassung des Königreiches Bayern war sogar festgeschrieben, dass den Särgen der Könige 25 Guglmänner voranschritten.

Offenbar Ende der 1990er-Jahre wurde der Bund der Guglmänner SM. Ludwig II. gegründet, welcher den Charakter eines Ordens bzw. eines Geheimbundes trägt, wobei seine Mitglieder gewählt werden, also nicht einfach eintreten können. Trotz Vermummungsverbotes marschierten sie wiederholt an Todestagen des Königs in Kutten und Kapuzen durch München. Sie verstehen sich als Personen, die das ehrende Andenken des Königs wahren und der festen Überzeugung sind, dass Ludwig keinen Selbstmord beging (und dazu den Nervenarzt Bernhard von Gudden gewaltsam ertränkte), sondern vom preußischen Geheimdienst ermordet wurde. So machten sie vor nicht allzu langer Zeit die amtliche Eingabe, dass eine riesige Büste des Königs (etwa jene der vier amerikanischen Präsidenten in Mount Rushmore entsprechend) in die Kampenwand gemeißelt werden soll.

Die Vorgeschichte von Ludwigs Tod

Ich habe diese an anderer Stelle (s. Köhler 2017, S. 105 ff.) ausführlich geschildert. Kurz nur so viel: Nachdem König Max II. unvermittelt gestorben war – was damals schon Gerüchte aufkommen ließ, er sei vergiftet worden –, kam Ludwig als gerade einmal 18-Jähriger im Jahre 1864 auf den bayerischen Thron. Zumindest anfangs war er sehr beliebt, obwohl er sich selten öffentlich zeigte und bereits damals gewisse Eigenheiten aufwies, die sich zwanglos als Frühsymptome der späteren Geisteskrankheit interpretieren lassen und auch ärztlich protokolliert sind. Ludwigs jüngerer Bruder Otto wurde schon psychisch früh auffällig, stand unter ständiger Beobachtung durch zwei Hofärzte, wobei der Ordinarius für Psychiatrie an der Universität München, Bernhard von Gudden, gewissermaßen eine Oberaufsicht führte und dabei nicht nur mit dem Patienten, sondern anfangs auch mit dem König bzw. Kronprinzen zusammenkam. Schon damals klagte Ludwig über eine Reihe beeindruckender Symptome (»*widerwärtigste Empfindungen in der Brust und im Unterleibe*«, »*Halluzinationen sämtlicher Sinne*«, »*motorische Erregungen, die sich in verschiedensten schleudernden und springenden Bewegungen der Arme und Beine äußern«, »starke Gereiztheit und Neigung zu Gewalttätigkeiten«*; zit. nach Köhler 2017, S.123). Die persönlichen Begegnungen mit von Gudden hörten auf, als sich der König zunehmend ins Allgäu zurückzog, teils in ererbten, zunehmend aber in selbst erbauten Schlössern (Linderhof, später Neuschwanstein) lebte und nur selten und äußerst widerwillig in die Residenzstadt München kam. Mehr und mehr vernachlässigte er seine Pflichten, verschob eine offiziell angekündigte Eheschließung mehrfach, um sie schließlich gänzlich platzen zu lassen, führte ein höchst eigenwilliges Leben mit skurrilen Ritualen, verwahrloste zusehends – ein Foto des gerade Vierzigjährigen zeigt ein aufgedunsenes Gesicht und die Zähne Ihrer Majestät fehlten großteils gänzlich oder waren nur mehr schwarze Stummel; er wurde immer häufiger gewalttätig gegenüber der wehrlosen Dienerschaft. Und er baute wie ein Besessener: zuerst das kleine, aber exquisit ausgestattete Schloss Linderhof, dann das imposante Neuschwanstein, schließlich das riesige, nie fertiggestellte Schloss Herrenchiemsee, in dem der König nur einmal für längere Zeit weilte (nämlich für etwa zehn Tage). Während der König bereits weitere Baupläne schmiedete, konnten die Schulden für die Handwerker nicht bezahlt werden.

Angesichts dieser unhaltbaren Zustände wurden spätestens gegen Ende 1885 Überlegungen angestellt, den König abzusetzen; sie gingen von höchsten Regierungsbeamten aus, die Kronprinz Luitpold in diese Planungen einbezogen. Kronprinz Luitpold war die Schlüsselfigur in dem Vorhaben, denn nur er konnte als nächster Verwandter – Otto war dafür noch weniger geeignet als Ludwig – die Regentschaft übernehmen. Er war bereits 65 Jahre alt und keineswegs auf die verantwortungsvolle und anstrengende Tätigkeit erpicht, sah allerdings keine andere Lösung des Problems. Am einfachsten, und durchaus mit der bayerischen Verfassung konform, war es, Ludwig für geistesgestört zu erklären. Auf Bitten dieser Kreise fertigte Bernhard von Gudden ein *»Ärztliches Gutachten über den Geisteszustand Seiner Majestät des Königs Ludwig II. von Bayern«* an, das noch von drei weiteren Psychiatern unterzeichnet wurde, aber allein auf von Guddens Informationen beruhte und von ihm in gründlicher Einzelarbeit verfasst wurde. Zwar hatte er den Patienten seit Jahrzehnten nicht gesehen; eine Einwilligung Ludwigs zu einer Untersuchung war jedoch nicht zu erwarten und die Informationen durch die Dienerschaft und Regierungsbeamte waren eindeutig genug, um eine fundierte Diagnose zu stellen: *»1. Seine Majestät sind in sehr weit fortgeschrittenem Grade seelengestört, und zwar leiden Allerhöchstdieselben an jener Form von Geisteskrankheit, die den Irrenärzten aus Erfahrung wohl bekannt mit dem Namen Paranoia – (Verrücktheit) bezeichnet wird.«* (zit. nach Köhler 2017, S. 136) Es handelt sich also um Schizophrenie, eine Diagnose, der sich spätere, wenn auch nicht alle Psychiater aufgrund der geschilderten Auffälligkeiten anschlossen. Das Gutachten fährt fort, dass eine Heilung nicht zu erwarten sei und *»noch weiterer Verfall der geistigen Kräfte mit Sicherheit in Aussicht«* stehe, daher *»Allerhöchstdieselben als verhindert an der Ausübung der Regierung zu betrachten«* sei und dass *»diese Verhinderung [...] für die ganze Lebenszeit andauern«* werde (zit. nach Köhler 2017, S. 136).

Aufgrund dieses Gutachtens verfasste Prinz Luitpold am 10. Juni 1886 eine von mehreren hohen Kabinettsmitgliedern unterzeichnete Proklamation, in der er sich zum

Regenten erklärte; der unmittelbar danach einberufene Landtag erklärte das Vorgehen für rechtmäßig.

Die letzten Tage und die offizielle Version des Todes

Die neue Regierung machte insofern allerdings gleich einen beinahe verhängnisvollen Fehler, als sie eine Delegation, der von Gudden angehörte, bereits am 9. Juni nach Neuschwanstein schickte, um dem König die Entscheidung schonend mitzuteilen und den nachweislich Suizidgefährdeten in Betreuung zu nehmen. Allerdings war Ludwig zu diesem Zeitpunkt noch König, die Gendarmerie stand nach wie vor unter seiner Befehlsgewalt und die Landbevölkerung war ohnehin auf seiner Seite. So wurde die Delegation verhaftet, im Schloss festgesetzt und der König ordnete abstruse Strafbefehle an, die jedoch nicht ausgeführt wurden; schließlich kam die Delegation frei und kehrte mit heiler Haut, jedoch unverrichteter Dinge, zurück nach München.

Ludwig hatte Zeit gewonnen, die er aber nicht nutzte, beispielsweise um in das eng benachbarte österreichische Tirol zu fliehen. Einige Tage später, nämlich am 12. Juni, nachdem Luitpold offiziell Regent war, fand sich von Gudden, begleitet allein von seinem Assistenten Dr. Müller und einigen »Irrenwärtern«, erneut auf Neuschwanstein ein, wurde diesmal vorgelassen und teilte in bedauernden Worten dem König das Dekret über seine Regierungsunfähigkeit mit. Dieser antwortete: »*Aber Sie haben mich doch gar nicht untersucht*«, setzte jedoch dem Weiteren keinen Widerstand entgegen. Er wurde allein in eine von innen nicht zu öffnende Kutsche gesetzt und nach Schloss Berg, einem alten Wittelsbacher Familienbesitz mit einem großen, direkt am Starnberger See gelegenen Park, gebracht. Die Ereignisse sind in Schweiggert & Adami (2014,

S. 136 ff.) detailliert – wenn auch meines Erachtens nicht ganz unparteiisch – geschildert: Nach etwa acht Stunden Fahrt erreichten die Kutschen gegen Mittag ihr Ziel. Dort war seit einiger Zeit auch Prof. Grashey anwesend, Ordinarius für Psychiatrie in Würzburg, Schwiegersohn Guddens und Mitunterzeichner des »Ärztlichen Gutachtens«. Er hatte in der Zwischenzeit dafür gesorgt, dass sich Schloss Berg als Unterkunftsort für einen Geistesgestörten und zudem höchst Suizidgefährdeten eignete. Dem König waren ein kleines Schlaf- und Wohnzimmer zugewiesen, aus denen man nicht entfliehen konnte und die mittels Gucklöchern stets Einsicht von außen boten. In seinem Wohnzimmer bekam Ludwig bald darauf auch das Mittagsessen serviert, wobei er keine scharfen Tischmesser, sondern nur ein stumpfes Obstmesser erhielt. Auch sonst beschäftigten die Anwesenden weitere Möglichkeiten des Suizids: So wurde u. a. geplant, den See vom Park aus weitgehend unzugänglich zu machen, vor einem steilen Abhang ein Geländer anzubringen und die Fenster des Schlosses mit Eisengittern zu versehen. Zu diesen, ganz offensichtlich für eine längere Internierung vorgesehenen Baumaßnahmen kam es jedoch nicht, denn das Problem Ludwig hatte sich am Abend des folgenden Tages erledigt.

Pfingstsonntag, der 13. Juni, war kühl und regnerisch. Ludwigs Bitte, der Messe im nahe gelegenen Aufkirchen beizuwohnen, lehnte von Gudden verständlicherweise ab. Stattdessen kam es zu diversen Gesprächen mit den anwesenden Ärzten (Prof. von Gudden, Prof. Grashey, Dr. Müller) und zu einem etwa einstündigen Spaziergang Ludwigs mit Gudden im Park, wobei sich in gebührender Distanz, aber immer in Sichtweite, ein Pfleger aufhielt. Gegen 18.30 Uhr (vielleicht auch wenige Minuten später) traten der König und der Psychiater einen zweiten Spaziergang an, wobei von Gudden diesmal die Anwesenheit einer Begleitperson ablehnte.

Was dann geschah, bleibt daher im Dunkeln, ist jedoch mit gewisser Sicherheit zu rekonstruieren. Das Souper war für 20.00 Uhr angesetzt und allerspätestens um diese Zeit erwartete man die beiden zurück. Kurz danach begann man, den Park und das Seeufer systematisch zu durchsuchen. Erst gegen 22.30 Uhr entdeckte man im ufernahen Wasser den Leibrock des Königs, der noch im Mantel steckte, so, als habe Ludwig beide gleichzeitig von sich geworfen. Bald fand man Ludwigs Schirm, dann seinen (eingerissenen) Hut und wenig später den von Guddens; offenbar waren die Gegenstände ans Ufer gespült worden. Dann wurde der »Leibfischer« des Königs, Jakob Lidl, geweckt, mit dem Auftrag, das Ufer von der Seeseite abzusuchen; in dem Boot befanden sich auch Dr. Müller und der Schlossverwalter. Erst kurz nach 23.00 Uhr entdeckte man, dicht nebeneinander liegend, etwa 20 Schritte vom Ufer entfernt, die zwei Leichen, beide mit dem Gesicht im Wasser, die Rücken aus den Wellen ragend. Im Gegensatz zu Ludwig, der Leibrock und Mantel abgeworfen hatte, war von Gudden vollständig bekleidet. Nach Bergung der Leichen wurden diese offenbar – hierzu existieren widersprüchliche Angaben – zunächst in die Fischerhütte Lidls (oder in eine Bootshütte in der Nähe des Schlosses[13]) gebracht, wo die

---

13 Letztere Version ist die wahrscheinlichere, da die Hütte Lidls außerhalb des Schlossparks lag, also weiter von der Unglücksstelle, und die um 23.20 Uhr angeforderte Gerichtskommission nach Schloss Berg bestellt wurde. Das zum Schloss gehörige Bootshaus wurde angeblich einen Tag später abgerissen; dies nährte die Spekulation, der König und der Psychiater seien erschossen worden und die dabei entstandenen Blutspuren sollten der Nachwelt nicht zu Gesicht kommen.

bereits im Kahn begonnenen Wiederbelebungsversuche erneut energisch aufgenommen wurden. Diese hatten naturgemäß keinen Erfolg, da die Leichenstarre bereits seit geraumer Zeit eingesetzt hatte, erschwerten jedoch bei der Obduktion nicht unerheblich die Feststellung der Todesursache. Inzwischen war auch eine Gerichtskommission aus Starnberg bestellt worden (mit zwei Ärzten, einem Oberamtsrichter sowie einem Oberlandgerichtsrat), die allerdings erst eine Stunde später (gegen 00.20 Uhr des 14. 6., laut anderen Angaben sogar noch wesentlich später, nämlich um 2.00 Uhr) eintraf, noch einmal den unzweifelhaften Tod der beiden feststellte und die erste genauere Untersuchung der Leichen vornahm (nach Schweiggert & Adami 2014, S. 173 ff.) (▶ Abb. 2-9).

Im Protokoll heißt es, an der Leiche des Königs sei außer einigen durch die Bergung und Wiederbelebungsversuche wohl gut zu erklärenden Abschürfungen nichts Auffälliges zu entdecken gewesen; bei Professor von Gudden seien einige Kratzwunden entdeckt worden, *»über dem rechten Auge«* einen *»nicht unbedeutenden blauen Fleck«*, der *»bestimmt von einem Faustschlag«* herrühre; von Strangulationszeichen im Halsbereich wird nichts berichtet.[14] Auch untersuchte die (mittlerweile unvollstän-

---

14 Hierzu gibt allerdings gänzlich andere Versionen, die bei Schweiggert & Adami (2014, S. 181 f.) wiedergegeben sind: So habe, laut dem der Kommission angehörenden Oberlandesgerichtsrat, diese bei ihrem Eintreffen die beiden Leichen in der Bootshütte *»schon hergerichtet und frisiert und mit Leichentüchern«* bedeckt gefunden. *»Dem Amtsarzt«*, heißt es weiter, *»war es nicht gestattet, die Leichen aufzudecken, geschweige denn auf die Todesursache hin zu untersuchen«*. Und einer der beiden Ärzte, Dr. Magg, soll kurz vor seinem Tode seiner Tochter eine ähnliche Geschichte erzählt haben, allerdings mit dem Zusatz, dass er (Magg) am Leichnam des Königs *»sehr wohl*

Abb. 2-9   Stelle des Todes Ludwigs II., König von Bayern,
im Starnberger See bei Berg.

dige) Starnberger Gerichtskommission, reichlich spät und
im Anschluss an bereits mehrere inoffizielle Inaugenschein-
nahmen (dass der ganze Park und speziell die Umgebung
des Vorfalls nicht abgesperrt wurden, ist in der Tat als
Skandal zu bezeichnen), die Unglücksstelle und konsta-
tierte: *»Nach längerem Suchen wurden etwas oberhalb
des Fundorts des Regenschirms und der Röcke etwa zwanzig Schritte vom Ufer entfernt bei einer Tiefe von annähernd fünf Fuß in dem lehmigen Untergrund zahlreiche
Fußspuren in größerem Umkreise wahrgenommen, welche nach ihrer Richtung wohl den Schluss zulassen, dass*

---

furchtbare Schussverletzungen am Rücken entdeckt habe«. Dass
bei solchen verwirrenden Aussagen Spekulationen zügellos ins
Kraut schießen, kann nicht verwundern.

hier vor kurzer Zeit zwei Personen sich aneinanderge-
drängt und verfolgt und möglicherweise gerungen haben.«
(nach Schweiggert & Adami 2014, S. 211)

Mittlerweile wurde auch eine amtliche Darstellung des
Vorgangs erarbeitet, wie Schweiggert & Adami (2014,
S. 223) es nennen, »*eine Sprachregelung, an der sich die
nun erscheinenden Presseberichte orientieren*«. Diese
stimmt im Wesentlichen mit der von anderen Autoren (insbesondere Wöbking 2011; s. unten) geleisteten Rekonstruktion überein: Ludwig habe während des Spaziergangs
seine Schritte beschleunigt, somit von Gudden hinter sich
gelassen und sei ins Wasser gelaufen; der Psychiater habe
ihn verfolgt, dabei ihm den Weg abgeschnitten, ihn eingeholt und am Mantel gepackt, den allerdings der König
zusammen mit dem Leibrock auszog und sich befreien
konnte. Der damit gewonnene Vorsprung sei jedoch verloren gegangen, da der kleinere und leichtere von Gudden
im lehmigen Untergrund schneller vorankam und den
Flüchtigen wieder einholte, wonach der Kampf einsetzte:
»*Von Gudden packt den König am Hut, wobei die Krempe
einreißt. Der König schlägt um sich, trifft mit hartem
Schlag Gudden rechts über dem Auge und kratzt ihn dabei
mit den Fingernägeln. Dr. Gudden taumelt, lässt aber den
davoneilenden König nicht los. Ludwig zieht ihn sechs
Meter weiter und packt ihn dann am Hals. Der Arzt kippt
nach hinten. Vielleicht drückt ihn Ludwig unter Wasser,
bis er erstickt und ertrinkt. Womöglich aber verliert von
Gudden bereits durch den Schlag das Bewusstsein und
geht deshalb unter. Jedenfalls ist er außer Gefecht gesetzt
und findet den Tod.*« (Schweiggert & Adami 2014, S. 224,
die zu Recht anmerken, dass über die Art von Ludwigs Tod
kein Wort fällt)

Die Leichen wurden in getrennten Zimmern für mehrere Stunden aufgebahrt und Besuchern die Gelegenheit gegeben, an ihnen vorbeizudefilieren. Einige sollen versucht haben, von Gudden zu bespucken. Am späten Abend brachte man die Leichen in zeitlichem Abstand nach München. Von Gudden wurde zwei Tage später unter großer Anteilnahme der Bevölkerung beigesetzt. Dass man keine Obduktion vornahm, war ein Fehler, da einige Verschwörungstheorien sonst sicher nicht hätten entstehen können. Die Familie des Toten war allerdings offenbar daran nicht interessiert, auch nicht die bayerische Regierung und erst recht nicht das Königshaus. Eine Autopsie hätte allemal Klarheit über die kontrovers diskutierten Strangulationsmale geliefert und wahrscheinlich den Tod durch Ertrinken bestätigt.

Am 15.6. wurde um 8.00 Uhr (also etwa 36 Stunden nach dem Tod) eine fünfstündige Obduktion des königlichen Leichnams vorgenommen, wobei zahlreiche Regierungsbeamte sowie diverse Ärzte teilnahmen, so u.a. Grashey, Hubrich und Hagen, Mitunterzeichner des von Gudden verfassten »Ärztlichen Gutachtens« über den Geisteszustand Ihrer Majestät. Sehr ausführlich wurden die Hirnveränderungen beschrieben (vermindertes Organgewicht mit auffällig verkleinertem Frontallappen [ein Befund, der sehr gut zur Diagnose »Schizophrenie« passt]), daneben Besonderheiten an der Lunge (s. unten). Eine explizite Todesursache wird nicht angegeben, was eigentlich der Sinn einer Autopsie ist.

Nicht erwähnt sind im Protokoll Schussverletzungen und man muss es schlicht für unmöglich halten, dass diese von keinem der zahlreichen bei der Obduktion Anwesenden bemerkt worden wären.

Wilhelm Wöbking, ein leitender Beamter am Bayerischen Kriminalamt, dem man – im Gegensatz insbesondere zum mehrfach zitierten Schweiggert[15] – keine wohlwollende Voreingenommenheit gegenüber Ludwig vorwerfen kann, liefert eine meines Erachtens plausible Rekonstruktion des Geschehens, basierend auf einer Vielzahl wörtlich zitierter Protokolle, wobei er sich entscheidend auf die von mehreren Seiten beschriebenen Strangulationsmerkmale am Hals des Psychiaters bezieht. Über diese berichteten in mehreren Briefen Philipp Graf zu Eulenburg, der preußische Gesandtschaftssekretär, der österreichische Gesandte am bayerischen Hof sowie insbesondere Prof. Grashey, welcher den Leichnam seines Schwiegervaters am 14.6. inspizierte und in seinem im Archiv für Psychiatrie veröffentlichten »Nekrolog« beschrieb: »*Guddens Leiche hatte, wie ich selbst constatierte, eine breite Contusion am rechten Stirnhöcker [...], an der rechten Seite des musc. sternocleido-mastoideus mehrere wie von Fingerabdrücken herrührende blaue Flecken.*« (zit. nach Wöbking 2011, S. 180) Zwar stellten weder der Fischer Lidl noch Dr. Müller bei der Auffindung der Leichen diese Merkmale am Halse von Guddens fest, ebenso wenig die Gerichtliche Kommission

---

15 Die Voreingenommenheit Schweiggerts zeigt sich sehr deutlich in seiner Monografie »Ludwig II. – Ein König zwischen Gerücht und Wirklichkeit« (Schweiggert 2011), und zwar insbesondere im Kapitel »Ludwig war geisteskrank« (Schweiggert 2011, S. 150 ff.), in welchem Schweiggert diese Aussage für ein Gerücht hält. Als Zeugen für die geistige Ungestörtheit des Königs führt er ausgerechnet Prof. Grashey an, der das Gutachten über den Geisteszustand Ludwigs mitunterzeichnete, lediglich weil dieser auf Schloss Berg gesagt hatte, er halte den Zustand seiner Majestät »*nicht für rettungslos*«, sowie die Leibärzte Dr. von Löwenfeld und Dr. Gietl; ihre angeblichen (wohlwollenden) Aussagen gegenüber einem Zeitungsblatt widerriefen beide umgehend (wie auch bei Schweiggert & Adami [2014, S. 255 f.] vermerkt wird).

aus Starnberg. Wöbking (2011, S. 229) weist jedoch unter Berufung auf die Veröffentlichung eines Gerichtsmediziners darauf hin, *»dass selbst erhebliche Weichteilverletzungen«* zunächst nicht notwendig erkennbar sein müssten. Gegebenenfalls sei es zu empfehlen, *»den Untersuchten nach 1–2 Tagen zur ergänzenden Befunderhebung vorzustellen«.* Erst recht dürfte dies für Leichen gelten, die vorher mehrere Stunden im Wasser gelegen haben.

Von Bedeutung für die Rekonstruktion des Tatvorgangs ist zudem die Tatsache, dass sich eine deutliche Prellung an der rechten Stirnseite des Nervenarztes fand. Sie kann schwerlich beim Kampf im Wasser entstanden sein, da sich dabei die Kontrahenten gegenüberstanden und Ludwig Rechtshänder war – wenigstens wird nie anderes berichtet. Dr. Hubrich, einer der Mitunterzeichner des Gutachtens über den Geisteszustand des bayerischen Königs, entgegnet dem Vorwurf an Gudden, beim Spaziergang ohne Pfleger fahrlässig gewesen sein, er habe lediglich die gegenseitigen Kraftverhältnisse unterschätzt. Und er fügt hinzu:

»Auch der Hergang bei der grausigen Katastrophe scheint mir ein etwas anderer gewesen zu sein, als es gegenwärtig allgemein angenommen wird. Die Fußspuren des Königs und Guddens führen von verschiedenen Punkten in den See und führen dort zusammen. Kann man glauben, daß Gudden seinen hohen Patienten nur einen Augenblick verlassen, etwa denselben habe vorgehen lassen? Guddens Stirn zeigt eine Kontusion auf der rechten Seite, nicht auf der linken, wie man erwarten müßte, wenn er dem Kranken ringend gegenübergestanden wäre.«

Er folgert daher:

»Meine Meinung ist deshalb, daß der König dem neben ihm wandelnden Arzte zuerst einen Faustschlag ins Gesicht versetzte, daß Gudden zurücktaumelte; bis Gudden

zur Besinnung kam, hatte der König einen Vorsprung; er ging in den See, als Gudden die Verfolgung begann und nun sofort von seinem Standpunkt aus ins Wasser ging. Im Wasser entspann sich das für Gudden tödliche Ringen. Die weiteren Schritte des Königs laufen, wie Augenzeugen versichern, nicht gegen das Innere des See's, sondern parallel mit dem Gestade. Ich möchte es deshalb offenlassen, ob der Untergang des Königs ein geplanter Selbstmord oder ein Fluchtversuch war, der dadurch sein Ende fand, dass der durch den vorangegangenen Kampf erschöpfte hohe Kranke sich den Umklammerungen des weichen Seegrunds nicht mehr zu entziehen vermochte.« (zit. nach Wöbking 2011, S. 172 f.; Hubrichs Originaltext ist dort kursiv wiedergegeben)[16]

Die wahrscheinlichste Version

Die wahrscheinlichste Version des Geschehens findet sich meines Erachtens bei Wöbking (2011, 257 ff., mit Bezug auf die zuvor vom Autor referierten und kommentierten Aussagen des Sektionsprotokolls), wobei dieser allerdings die von Hubrich eingebrachte, oben zitierte plausible These, dass der Beginn der Auseinandersetzung noch an Land weit weg vom Ufer lag, nicht ausreichend berücksichtigt.

Der Autor schickt zunächst voraus, dass Ludwig, noch nicht einmal 41 Jahre alt und 1,91 Meter groß, dem 62-jährigen von Gudden körperlich weit überlegen war. Ob von Gudden – fährt er fort – das damals zur Ruhigstellung von

---

16 Wöbking hingegen geht davon aus, dass Ludwig sich in Richtung Seemitte bewegte. Dieser Punkt bleibt also strittig. Die erstere Version würde die Theorie des Fluchtversuchs stützen, die zweite die Selbstmordabsicht.

Geisteskranken benutzte Chloroform bei sich trug, lässt er offen, merkt aber mit Recht an, dass eine erfolgreiche Anwendung dieses Narkosemittels beim Kampf im Wasser so gut wie unmöglich war. Nach Erwähnung des bereits in den Mittagsstunden erfolgten, problemlos verlaufenden Spaziergangs schreibt er wörtlich: »*In der Absicht, die wiederholt ausgesprochenen Suizidgedanken unter listiger Täuschung des begleitenden Arztes in die Tat umsetzen, verließ er [scl. König Ludwig] kurz nach 18.30 [...] zusammen mit Dr. Gudden das Schloß [...]. Relativ schnellen Schrittes und zielstrebig ging er Dr. Gudden vier bis fünf Meter auf dem in südliche Richtung führenden sogenannten Seeweg voraus. [...] Trotz der Warnungen Dr. Müllers und Professor Gasheys sowie Baron Washingtons untersagte Professor Dr. Gudden einem Pfleger, ihnen zu folgen.*«

Die plausible These ignorierend, dass der König, von seiner physischen Überlegenheit und dem Überraschungsmoment profitierend, bereits an Land von Gudden außer Gefecht zu setzen versuchte, rekonstruiert Wöbking – verkürzt wiedergegeben – die weiteren Ereignisse so: »*Beide Spaziergänger müssen sich zielstrebig auf dem in südliche Richtung führenden Seeweg bewegt haben und die etwa 800 Meter südlich liegende Unglücksstelle bis kurz vor 18.53 erreicht haben. Die Entfernung von 800 Metern ist bei der zu unterstellenden Zielstrebigkeit und dem daraus resultierenden Tempo auch in acht bis zehn Minuten zurückzulegen. [...] In Höhe der Unglücksstelle [...] muß der König urplötzlich und für den Begleiter unerwartet vom Seeweg in Richtung See abgewichen sein [...]. Gudden ist ihm offensichtlich gefolgt [...] und eilte dem mittlerweile einige Meter vor ihm befindlichen König nach. Diesen erreichte er noch am Ufer, wo er versuchte, den offensichtlich dem Wasser zueilenden Patienten zurück-zuhalten. Hierbei kam es zu einer Auseinandersetzung. Der König [...] schlüpfte aus den Röcken heraus, um dem ihn festhaltenden Dr. Gudden zu entkommen.«* (Wöbking 2011, S. 258 f.)[17]

Die Rekonstruktion geht so weiter: »*Nachdem sich der König so befreit hatte, strebte er in der Absicht, seinen Selbstmordplan zu verwirklichen, schnell fortschreitend, in südwestlicher Richtung [...] in den See. Der ihm nach-eilende Dr. Gudden erreichte ihn nach ca. 16 Metern, wo-bei er möglicherweise dem König den Weg abschnitt [...]. Hier versuchte Dr. Gudden erneut, die Absicht des Königs zu vereiteln. Es kam, wie dem festgestellten Spurenbild zu entnehmen ist, zu einem Gerangel (Ringen), in dessen Verlauf der König Dr. von Gudden erheblich an der Stirn und im Gesicht verletzte und ihm einen kräftigen Faust-schlag auf den Zylinderhut versetzte, um Dr. v. Guddens Bemühungen zu unterbinden, ihn an der weiteren Ausfüh-rung seiner Suizidpläne zu hindern. Entweder bereits hier [...] oder aber an der 20 Meter nordwestlichen Stelle [...] wurde Dr. Gudden von dem König erheblich gewürgt oder gewürgt und untergetaucht. Dr. Gudden wurde bewußt-*

---

17 Die Zeit 18.53 Uhr leitet sich aus der Tatsache ab, dass die Uhr des Königs zu diesem Zeitpunkt stehen blieb; spätestens dann muss diese bereits als Folge des eindringenden Wassers ihre Funktion aufgegeben haben. Dies heißt weder, dass der Eintritt der beiden in den Starnberger See nicht bereits früher erfolgt ist noch dass Ludwig zu dieser Zeit auch gestorben ist. Dass von Guddens Uhr mehr als eine Stunde danach stehen blieb, hat zur absurden Theorie geführt, der Arzt habe in Wahrheit Ludwig ermordet, sich mit Gewissensplagen noch eine Stunde im eis-kalten Wasser aufgehalten und sich dann für den Tod durch Ertrinken entschieden. In Wirklichkeit war die Uhr des Profes-sors einfach wasserdichter.

los, fiel ins Wasser und ertrank oder erstickte auf Grund der fest angesetzten Würgegriffe, wobei wahrscheinlich ein zeitweiliges Strangulieren mit der Halsbinde hinzukam.« (Wöbking 2011, S. 258 f.)

Über das weitere Schicksal des Königs mutmaßt der Autor: *»Schließlich ging er, Dr. Gudden oder dessen Leiche zurücklassend, in westlicher Richtung in den See, um seinen Selbstmordplan zu vollenden. Dies geschah sehr wahrscheinlich unter Unterdrückung normalen ›Abwehrverhaltens‹ und möglicherweise unter bewußtem tiefen Aspirieren von Wasser. Der König verlor das Bewusstsein, ging unter und ertrank (erstickte).«* (Wöbking 2011, S. 258 f.)

Den Ertrinkungstod stützen laut Autor auch diverse, bereits zuvor von ihm berichtete, bei der Autopsie des Königs erhobenen Befunde, etwa: *»Alle Venensinus der Basis Cranii stark mit dunklem, flüssigem, gerinselfreiem Blute gefüllt. Ein Befund wie er klassischerweise beim Ertrinkungstod erhoben wird. [...] Grundsätzlich gerinnt das Blut nach dem Tode, es bleibt also nicht flüssig. Bei allen plötzlichen Todesarten, auch und gerade beim Erstickungstod, ist der Gerinnungsvorgang offensichtlich außer Kraft gesetzt; das Blut bleibt regelmäßig flüssig. Die beschriebene Stauung (Füllung) in den großen Sinus wird typischerweise durch den Ertrinkungstod verursacht, weil der Abfluß des Blutes vom Schädel in die rechte Herzkammer durch die beim Ertrinkungsvorgang über die Lungen im Brustkorb erzeugte Drucksteigerung gedrosselt wird.«* (Wöbking 2011, S. 224)

Während also der Tod des Königs durch Ertrinken (alternativ, aber unwahrscheinlich: durch akutes Herzversagen im kalten Wasser) wohl als gesichert angesehen werden kann, sind die Motive des Gangs in den See unklarer.

Am wahrscheinlichsten ist, dass Ludwig, der, wie gut bezeugt, mehrfach Selbstmordabsichten äußerte, die Gelegenheit dazu im Starnberger See sah und dabei billigend den Totschlag von Guddens in Kauf nahm. Wöbking (2011, S. 260 ff.) diskutiert daneben, abgesehen von der kurzen Erwähnung einiger weiterer abstruser Thesen, die Fluchttheorie. Sie ist zwar unwahrscheinlich – wesentlich bequemere Möglichkeiten, etwa von Neuschwanstein ins nahe gelegene österreichische Tirol zu entkommen, hatte der König ungenutzt gelassen –, jedoch nicht völlig von der Hand zu weisen. Immerhin soll eine Kutsche in den Abendstunden lange vor dem eingezäunten Schlossgelände gewartet haben, Kähne vor dem Ufergelände auf und ab gefahren sein, sogar eine verhüllte, vornehme Dame (möglicherweise seine Großcousine Sisi) am anderen Ufer des Sees ebenfalls mit einer Kutsche bereitgestanden haben. Die Theorie des misslungenen Fluchtversuches hatte den großen Vorteil, die ohnehin durch die Entmündigung ihres Sohnes verzweifelte Königsmutter Maria nicht noch mit seinem Selbstmord zu konfrontieren; zudem war die kirchenrechtliche Frage einer religiösen Begräbnisfeier und des Begräbnisses an geweihter Stätte (hier: des Leichnams in der Wittelsbacher Gruft der Michaeliskirche in München, des Herzens in der Gnadenkapelle von Altötting) weniger brisant. Die Beisetzung gestaltete sich auf Feierlichste: Dem Leichenzug von der Residenz zur Begräbnisstätte gingen der Erzbischof von München mit den Bischöfen der damaligen fünf bayerischen Diözesen sowie eine Unmenge von Stadtklerus voraus, dann kamen die oben erwähnten Guglmänner; hinter dem Leichenwagen folgte der Adel (u. a. Prinzregent Luitpold, die Kronprinzen von Preußen und Österreich). Nicht anwesend war natürlich Ludwigs geistesgestörter Bruder, König Otto I. von Bayern, auch nicht die Königsmutter Maria, die seelisch zu erschüttert war, um dem langen Geschehen beizuwohnen. Die Aussegnung in der Fürstengruft von St. Michael nahm der Erzbischof vor (nach Schweiggert & Adami 2014, S. 264 ff.).

Während meines Erachtens die Grundtatsachen wenig bestritten sind (Tod Ludwigs durch vermutlich als Suizid geplantes Ertrinken nach vorheriger Tötung des Psychiatrieprofessors Bernhard von Gudden), sei nicht verschwiegen, dass einige Dinge in diesem Zusammenhang merkwürdig sind. Dies betrifft v. a. den Fischer Jakob Lidl, der an der Bergung der Leichname beteiligt war und danach – wie auch eine heute noch existierende Tafel an seinem armseligen Fischerhause in Berg bezeugt – zu merkwürdigem Reichtum kam, es schließlich sogar zum Bürgermeister von Starnberg brachte. Mehr als 43 Jahre nach dem Geschehen berichtete er einem Journalisten: »*Der König hat noch die Augen aufgehabt, als wir ihn aus dem Wasser zogen. Ich habe 50 Menschen aus dem Wasser geholt, und keiner hat so ausgesehen, der ertrunken ist. [...]. Würgemale am Hals von Dr. Gudden sind eine dreckige Erfindung. Ich hab sie nicht gesehen. [...] Erst als der Gudden gesehen hat, dass der König hin war, hat er sich selbst das Leben durch Ertrinken genommen.*« Seiner Frau hat Lidl alles aber ganz anders erzählt, denn sie berichtete kurz vor ihrem Tode: »*Mein Mann erzählte mir, dass der König fliehen wollte. Er wurde auf der Flucht im Wasser sicher angeschossen.*« (zitiert nach Schweiggert & Adami 2014, S. 172 f.) Lassen wir diese Unklarheiten getrost im Raum stehen; irgendein Schlupfloch wird sich immer für Spekulationen auftun.

2.5.4 Tod durch Schlaf: Michael Jackson

Eigentlich ist dieser Tod alles andere als rätselhaft: Folge der Überdosierung eines (hier als Schlafmittel eingesetzten) Narkosepräparats. Erstaunlich ist nur, wie dem als Leibarzt des weltberühmten Stars bestallten Dr. Murray ein solcher Fehler unterlaufen konnte.

Michael Joseph Jackson wurde 1958 als achtes von zehn Kindern einer schwarzen Familie[18] der unteren Mittelschicht im amerikanischen Bundesstaat Georgia geboren. Sein Vater (ein Kranführer) hatte früh das musikalische Talent seiner Kinder erkannt und setzte alles in Bewegung, ihnen eine angemessene Förderung zukommen zu lassen. Bei Michael war das bekanntermaßen außergewöhnlich erfolgreich. Als Pop- und Rocksänger, aber auch als Tänzer gab er unzählige Vorstellungen und die Tonträger mit seinen Aufnahmen wurden millionenfach verkauft.

Psychisch und körperlich ging es dem Star seit Anfang der 1990er-Jahre jedoch zunehmend schlechter. Er laborierte an diversen Krankheiten, wies erhebliches Untergewicht auf und litt insbesondere an Schlafproblemen. Sein »Leibarzt« Dr. Conrad Murray verschrieb ihm diverse Beruhigungs- und Schlafmittel der Benzodiazepingruppe und injizierte – auf dringende Bitten des Patienten – über einen beträchtlichen Zeitraum regelmäßig das Narkose-

---

18 Wie man Fotografien entnehmen könnte, wollte sich Jackson durch diverse Eingriffe von seiner afroamerikanischen Herkunft »distanzieren« und sich dem weißen Schönheitsideal annähern. In Wirklichkeit litt der Popstar seit 1993 an Vitiligo, einer nicht seltenen Weißfärbung der Haut aufgrund einer Pigmentierungsstörung, er musste sich zudem nach einem Nasenbeinbruch und einer Brandverletzung kosmetischen Gesichtsoperationen unterziehen.

mittel Propofol, um ihm überhaupt Schlaf zu ermöglichen. Nach einer solchen Injektion starb Jackson, gerade 50 Jahre alt, am 25. Juni 1999 in einer gemieteten Villa in einem noblen Stadtteil von Los Angeles.

Smiley & Ritz (2016, S. 326 ff.) beschreiben detailliert den Ablauf: In der Nacht vor seinem Tod war Jackson noch vor Mitternacht hellwach, gegen 1.30 Uhr des nächsten Tages gab ihm Murray 10 mg Valium (eine eher hohe Dosis), gegen 2.00 Uhr injizierte er ihm ein anderes Sedativum, alles ohne Erfolg. Um 10.40 Uhr (!) hatte der Popstar immer noch kein Auge zugetan und verlangte immer nachdrücklicher nach Propofol, welches ihm Murray schließlich intravenös applizierte, worauf sich endlich der ersehnte Schlaf einstellte. Dann machte der Arzt den Fehler, seinen Patienten aus den Augen zu lassen, um diverse Telefonate zu führen. Erst nach 12.00 Uhr mittags bemerkte er, dass Jackson nicht mehr atmete, versuchte die Wiederbelebung und rief gegen 12.20 Uhr den Notdienst, der den Leblosen in eine Klinik in Los Angeles brachte. Auch hier blieben alle (ungleich professionelleren) Wiederbelebungsversuche ohne Erfolg, sodass kurz nach 14.00 Uhr offiziell der Tod konstatiert wurde.

Die Obduktion ergab eine Vergiftung durch eben jenes Mittel und Murray wurde wegen fahrlässiger Tötung zu vier Jahren Haft ohne Bewährung verurteilt. Der Arzt war allerdings in der Tat in einer schwierigen Situation: Zum einen wollte er seinen (sicher extrem gut zahlenden) Patienten nicht verlieren und war sich der Qualen dieser extremen Schlafstörungen bewusst, andererseits musste er um das Risiko einer solchen Behandlung wissen – wie schon angedeutet, wird Propofol zumeist bei Kurznarkosen (beispielsweise bei Darmspiegelungen) eingesetzt und ist nicht für die Behandlung von Schlafstörungen zugelassen. Zudem hat Murray bei der eingetretenen Vergiftung nicht rechtzeitig die geeigneten lebensrettenden Maßnahmen ergriffen (er hatte in der Wohnung auch gar nicht die notwendigen Apparate zur Verfügung).

2.6 Kuriose Sterbevarianten: Der Tod von Arnold Schönberg

Der Tod ist und bleibt natürlich immer ein schmerzlicher Einschnitt; manchmal kann man sich jedoch über seine Gestalt nur wundern und zuweilen ist es sogar schwer, dabei ein Schmunzeln zu unterdrücken. Wahrscheinlich gäbe es hierzu diverse Beispiele, mir fällt hierzu augenblicklich nur der Tod des Komponisten Arnold Schönberg (des Schöpfers der Zwölftonmusik) ein, wie ihn Katia Mann in ihrem auf Interviews basierenden Büchlein »Meine ungeschriebenen Memoiren« geschildert hat:

»*Schönberg war herzkrank, und er war sehr abergläubisch. Er fürchtete sich geradezu vor jeder 13 und glaubte fest, daß er einmal an einem 13. sterben würde. Schließlich war er auch schon 76. An jedem 13. war er unruhig, und abends musste sich Gertrud Schönberg zu ihm setzen und seine Hand halten, und auf der anderen Seite des Zimmers war irgendwo eine Uhr, und er sah sich die Uhr an und sah zu, wie der 13. verging.*« (Mann 1983 [1974], S. 134)

Einmal jedoch wurde Schönberg genau dieses Ritual zum Verhängnis:

»*Am 13. Juli – ich glaube, es war 1951 – war es genau so. Sie saßen wieder da, und die Uhr tickte, endlich war es Mitternacht. Schönberg stand auf, ging hinauf, um sich schlafen zu legen, und Gertrud Schönberg ging wie immer in die Küche, um seinen Schlaftrunk zu machen. [...] Als sie ihm dann die Tasse hinaufbrachte, lag er leblos in seinem Zimmer. Gertrud Schönberg erschrak zu Tode und guckte auf die Uhr. Sie war schon auf die Uhr fixiert wie er. Da sah sie, daß es noch nicht Mitternacht war; die Uhr im Zimmer unten war einige Minuten vorgegangen, und jemand hat mir gesagt, daß sich Gertrud Schönberg seitdem mit der Idee herumgequält habe, er könne vielleicht nur über die Uhr erschrocken sein; und daß er vielleicht in diesem Moment nicht gestorben wäre, wenn ihm die Uhr nicht gezeigt hätte, daß Mitternacht noch nicht vorbei war.«* (Mann 1983 [1974], S. 134 f.)

Diese Erklärung ist sicher richtig und keineswegs hat sich etwas Übernatürliches zugetragen: Schönberg war dem Tode geweiht und dieser Schreck hat nur das ausgelöst, was früher oder später ohnehin passiert wäre. Erstaunlich ist lediglich, dass ein Ehepaar, welches das Schicksal mit dem Tag und der Uhrzeit so eindeutig in Verbindung brachte, nicht genauestens darauf achtete, dass wenigstens sämtliche Uhren richtig gestellt waren.

2.7   »Schicksalhafte« Todesfälle: Die Folgen der Inzucht und die Bluterkrankheit im europäischen Hochadel

Der Tod ist bekanntlich unser aller Schicksal und somit ist der Begriff »schicksalhaft« wider- oder sogar unsinnig. Wenn wir ihn dennoch verwenden, so seien damit Todesfälle aufgrund bestimmter Krankheiten gemeint, die (wenigstens in früheren Zeiten) unausweichlich waren. Einige haben deshalb spezielle Aufmerksamkeit erfahren, weil sie sich in besonderer Häufigkeit in hohen Adelshäusern ereigneten, oft Folge der dort sehr zahlreichen Verwandtenehen. Bekannt ist diesbezüglich die »Habsburger Unterlippe«, eine Unterkieferdeformation, die zwar nicht tödlich, aber entstellend ist und viele Angehörige des Hauses Habsburg betraf, bis sie endlich in der spanischen Linie mit Karl II. ihre extreme Ausprägung erfuhr und mit dessen Kinderlosigkeit ausstarb – während sie sich in der österreichischen Linie noch für einige weitere Generationen hielt (s. dazu Köhler 2017, S. 16).[19]

Eindeutige Folge der »Inzucht« ist die Häufung autosomal-rezessiver Erbkrankheiten. Bekanntlich besitzt eine Person im Normalfall 22 Paare sogenannter homologer Chromosomen (genauer: Autosomen); jedes einzelne enthält an einer bestimmten Stelle die genetische Information für ein bestimmtes Merkmal (auf jedem Chromosom ungefähr insgesamt etwa 1000). Die genetische Information für ein und dasselbe Merkmal ist auf den beiden homologen Chromosomen mehr oder weniger unterschiedlich; wie sich Letzteres manifestiert, entscheidet der Körper, oft durch eine Art von Mittelung (intermediäre Vererbung, z. B. bei der Hautfarbe). Manchmal ist die Vererbung aber auch dominant, indem die eine genetische Information gar nicht beachtet wird (rezessiv ist), die andere dafür mehr oder weniger ausschließlich, sie also beherrschend (dominant) ist. Eine rezessiv vererbte Genstruktur kommt nur dann zum Ausdruck, wenn diese Variante auf beiden homologen Chromosomen vorliegt. Das ist der Fall bei den

19 Diese autosomal-dominante Krankheit war sicher mit ähnlicher Häufigkeit unter der Allgemeinbevölkerung zu finden, entging aber der geschichtlichen Aufmerksamkeit, da deren Mitglieder typischerweise nicht in Öl porträtiert wurden, schon gar nicht durch Tizian oder Velázquez.

»rezessiv vererbten« Krankheiten, beispielsweise der nicht seltenen und dann früher oder später ein tödliches Ende nehmenden Mukoviszidose, bei welcher der Schleim (u. a. in den Bronchien) extrem zähflüssig ist. Nennen wir die pathologische Geninformation Gen$_{Schleimkrank}$, die normale Gen$_{Schleimgesund}$. Da das Merkmal rezessiv vererbt wird, wird eine Person, die auf dem einen homologen Chromosom Gen$_{Schleimgesund}$ trägt, auf dem anderen Gen$_{Schleimkrank}$, nicht an Mukoviszidose erkranken, ist aber ein sogenannter Konduktor bzw. eine Konduktorin (von *conducere* = mit sich führen). Bei der Bildung der Keimzellen werden nämlich die homologen Chromosomenpaare getrennt. Das Gen, welches die nicht-pathologische (oder in seltenen Fällen die Ausbildung der für die Entwicklung der Mukoviszidose relevanten) Schleimstruktur bestimmt, liegt auf Chromosom 7, das (wie alle Chromosomen) in den Keimzellen (Spermienzellen bzw. Eizellen) einzeln vorliegt. Die Wahrscheinlichkeit, dass die Spermienzelle eines gesunden Konduktors also Gen$_{Schleimkrank}$ enthält, beträgt 50 %, Gleiches gilt natürlich für die Eizelle einer gesunden Konduktorin. Bei der Verschmelzung der Keimzellen dieser gesunden Konduktoren in der Befruchtung liegt die Wahrscheinlichkeit für das Vorliegen der Konstellation Gen$_{Schleimkrank}$, Gen$_{Schleimkrank}$ bei 25 %, der Konstellation Gen$_{Schleimgesund}$, Gen$_{Schleimkrank}$ bei 50 %, von Gen$_{Schleimgesund}$, Gen$_{Schleimgesund}$ bei 25 %. Das Neugeborene mit der letzten Konstellation wird gesund bleiben (auch kein Konduktor sein); bei der zweiten Konstellation (mit der Wahrscheinlichkeit von 50 %) werden die Betroffenen gesund bleiben, sind aber Konduktoren. Das Kind mit der ersten Genkonstellation Gen$_{Schleimkrank}$, Gen$_{Schleimkrank}$ wird erkranken (und ist zudem natürlich ein Konduktor).

Nehmen wir der rechnerischen Einfachheit halber an,

jede zehnte Person sei Konduktor einer autosomal-rezessiv vererbten Erkrankung, leidet aber selbst nicht darunter (besitzt also die pathologische Genvariante nur einmal, nicht doppelt) – entsprechend weiß sie überhaupt nichts davon. Dass diese Person rein zufällig einen Partner mit Konduktoreigenschaften findet, in welchen sie sich verliebt und mit dem sie Kinder zeugt, beträgt dann 10 %. Durchschnittlich jedes vierte Kind aus dieser Beziehung wird erkranken, zwei weitere von vieren werden Konduktoren sein, eines wird die pathologische Genvariante überhaupt nicht besitzen und somit auch nicht der Nachkommenschaft hinterlassen können.

Anders ist die Situation, wenn der ahnungslose Konduktor seine eigene Schwester heiratet – unter den Pharaonen der Überlieferung nach ein nicht seltener Fall. Die Schwester hat, weil sie dieselben Eltern besitzt, die gleichen Wahrscheinlichkeiten der Genkonstellation wie ihr Bruder. Wenn die besagte Erkrankung schon vor dem zeugungsfähigen Alter auftritt, die unverkennbar erkrankte Schwester also als Heiratskandidatin gar nicht infrage kommt, wird er mit einer Wahrscheinlichkeit von immerhin fast 67 % eine Konduktorin ehelichen; diese Wahrscheinlichkeit hätte bei einer Beziehung mit einem anderen, nicht verwandten Mädchen gerade 10 % betragen. Hier wie dort läge die Wahrscheinlichkeit für die Geburt eines früher oder später erkrankten Kindes bei 25 %, also circa 16 % der Kinder unseres ahnungslosen, mit der eigenen Schwester verheirateten Konduktors würden die Krankheit entwickeln – ein immenser Unterschied zu den gerade einmal 2,5 % bei einer Heirat mit einem »Mädchen aus dem Volke«.

Heiraten Cousin und Cousine (im Hause Habsburg ein keineswegs seltener Fall), so liegen die Erkrankungsraten zwar nicht ganz so hoch, aber deutlich höher als in der

Allgemeinbevölkerung. Bankl (2020, S. 36) zeigt den komplizierten Stammbaum von Don Carlos auf (einem Sohn des spanischen Königs Philipp II.), den Schiller in seinem Drama zum idealistischen Freiheitskämpfer hochstilisiert hat, der aber in Wirklichkeit ein körperlich entstellter, intellektuell erheblich eingeschränkter und schwer persönlichkeitsgestörter Jüngling mit extremer Neigung zur Grausamkeit war (s. dazu Köhler 2017, S. 16). Don Carlos war das Kind von Cousin und Cousine, die ihrerseits wiederum zahlreiche gemeinsame Verwandte hatten. Statt acht Urgroßeltern hatte Don Carlos deren nur vier, statt 16 Ururgroßeltern gerade sechs (»Ahnenverlust«). Diese aus heirats- und standespolitischen Gründen im Hause Habsburg extrem verbreitete Inzucht hatte generell zur Folge, dass die Kindersterblichkeit dort höher lag als in der zeitgenössischen Allgemeinbevölkerung.

Ein weiteres Schicksal, welches im ausgehenden 19. und auch noch zu Beginn des 20. Jahrhunderts in auffälliger Häufigkeit die europäischen Herrscherhäuser heimsuchte, war die damals noch nicht therapierbare Bluterkrankheit (Hämophilie, genauer Hämophilie A). Bei dieser kann aufgrund eines genetischen Defektes der Gerinnungsfaktor VIII nicht ausreichend produziert werden, sodass es auch bei kleineren Verletzungen zu anhaltenden Blutungen kommt, die nicht nur erhebliche Schmerzen verursachen, sondern auch die Lebenserwartung der Betroffenen (so gut wie immer Personen männlichen Geschlechts) deutlich einschränken. Schuld daran war diesmal nicht die Inzucht an sich – obwohl diese natürlich bei der dynastischen Heiratspolitik nicht ausblieb –, sondern die extreme Zeugungsfreudigkeit der Queen Victoria und ihrer Nachkommen, sodass die Krankheit (ähnlich wie ein Gewitter in einem Talkessel) aus diesen Kreisen nicht verschwinden konnte.

Bekanntlich ist das Gen, welches die Leistungsfähigkeit des Gerinnungsfaktors VIII determiniert, nicht auf einem Autosom, sondern auf einem Gonosom (Geschlechtschromosom) lokalisiert, nämlich auf dem X-Chromosom. Dieses besitzen die Zellen von weiblichen Personen zweifach, die männlicher lediglich einfach; bei Letzteren findet sich stattdessen das Y-Chromosom, welches nur extrem wenige Gene beherbergt. In aller Regel liegt das Gen für den Gerinnungsfaktor VIII in der normalen Variante vor, was hier mit $X_{GenGerinnungVIIInormal}$ bezeichnet werden soll. Deshalb haben auch Männer mit ihrem einzigen X-Chromosom in der Regel dort die normale Variante und somit eine funktionierende Blutgerinnung. Anders stellt sich der Fall dar, wenn hier die pathologische Variante vorliegt, also der Mann neben seinem Y-Chromosom als zweites Gonosom $X_{GenGerinnungVIIIpathologisch}$ besitzt: Dann leidet er an der Bluterkrankheit Hämophilie (genauer Hämophilie VIII), die man heute durch regelmäßige Gabe von Gerinnungsfaktor VIII gut behandeln kann, welche jedoch früher meist schon im Kindesalter, spätestens beim jungen Erwachsenen zum Tode führte. Frauen mit der Chromosomenkonstellation $X_{GenGerinnungVIIInormal}$, $X_{GenGerinnungVIIIpathologisch}$ erkranken hingegen nicht, weil die pathologische Genvariante rezessiv ist. Sie sind aber Konduktorinnen und geben mit einer Wahrscheinlichkeit von 50 % $X_{GenGerinnungVIIIpathologisch}$ an ihre weiblichen wie männlichen Nachkommen weiter. Es sind nur ganz wenige Fälle der Bluterkrankheit bei Frauen beschrieben worden; entweder hat sich durch eine spontane Genmutation aus der Konstellation $X_{GenGerinnungVIIIpathologisch}$, $X_{GenGerinnungVIIInormal}$ die Konstellation $X_{GenGerinnungVIIIpathologisch}$, $X_{GenGerinnungVIIIpathologisch}$ entwickelt oder eine Konduktorin hat mit einem Bluter eine Tochter gezeugt, ein sehr unwahrscheinlicher Fall, da die meist früh versterbenden Bluterkranken in vergangenen Zeiten nur extrem selten Kinder in die Welt setzten (s. aber im Nachfolgenden Prinz Leopold, der vierte Sohn der Queen).

Die englische Königin Victoria hatte vier Söhne, wobei den ersten dreien (darunter Albert Edward, dem späteren König Edward VII.) das traurige Schicksal erspart blieb. Der vierte aber, Leopold, war betroffen und wäre beinahe schon früh deswegen an einer harmlosen Kinderkrankheit gestorben. Den ausgesprochen aufgeweckten, angesichts seiner unheilvollen Krankheit mit der Erwartung eines baldigen Todes schwer deprimierten Prinzen ereilte das Schicksal jedoch mit gerade 31 Jahren: Zwei leichte Knieverletzungen brachten ihm den Tod.[20]

Von den fünf Töchtern der Queen Victoria waren zwei mit Sicherheit Konduktorinnen (Alice und Beatrice); bezüglich der ältesten (Victoria = Vicky) bleibt es – entgegen der Darstellung bei Lewis (2009, S. 165) – unsicher. Victoria heiratete bekanntlich den preußischen Kronprinzen aus dem Hause Hohenzollern, der im Jahre 1888 für 99 Tage als Friedrich III. deutscher Kaiser war. Das erste Kind aus dieser Ehe, der spätere Kaiser Wilhelm II., war definitiv kein Bluter, ebenso wenig der zweitgeborene Sohn Heinrich. Ein weiterer Sohn (Sigismund) starb früh, was Zeichen der Bluterkrankheit gewesen sein könnte, aber es

---

20 Wenig nachvollziehbar war jedoch, dass der junge Mann heiratete, zwar sicher gesunde Söhne hätte, aber ausschließlich Konduktorinnen produzieren würde, welche das Unheil den nächsten Generationen aufbürdeten. Tatsächlich litt auch einer seiner Enkel an der Bluterkrankheit. Die extrem wenigen beschriebenen Fälle von weiblichen Personen mit Bluterkrankheit dürften weitgehend auf solch – auch nach dem damaligen Wissenstand unverantwortliches Handeln zurückzuführen sein.

nicht sicher sein musste – schließlich war seinerzeit die Kindersterblichkeit auch in den Adelshäusern ausgesprochen hoch. Ein vierter Sohn lebte nicht kürzer als seinerzeit üblich und dass eine von Vickys Töchtern einem männlichen Nachkommen die Bluterkrankheit beschert hat, bleibt unbewiesen.

Auf Alice, der zweiten Tochter der Queen, geht jedoch die bekannteste Bluterkrankheit der Geschichte zurück, die des Alexej Nikolajewitsch Romanow, des fünften und einzigen männlichen Kindes des Zaren, damit des russischen Thronfolgers. Zar Nikolaj II. hatte Alix von Hessen-Darmstadt geheiratet, eine Tochter der besagten Alice, an deren Eigenschaft als Konduktorin schon lange kein Zweifel mehr bestand – die Wahrscheinlichkeit für den Zaren, mit seiner Auserwählten eine Konduktorin zu ehelichen, betrug somit 50 %. Die ersten vier Kinder aus dieser Ehe waren Mädchen – die eine oder andere sicher eine Konduktorin, was allerdings angesichts der Ermordung der Zarenfamilie inklusive ihrer unverheirateten Töchter keine historische Bedeutung hatte. Der heiß ersehnte Thronfolger litt – wie sich schon bald nach der Geburt herausstellte – an der Bluterkrankheit. Die Zarin, die sich zu Recht die Schuld gab für etwas, wofür sie nichts konnte, litt entsetzlich mit dem Kinde an dessen oft Wochen anhaltenden Schmerzattacken nach kleinsten Verletzungen. So kam es zu jenem aller Vernunft Hohn sprechenden Einfluss des Wundermönchs Rasputin am Zarenhofe (▶ Abschn. 2.3.3); zwar änderte dies sicher nicht entscheidend den Lauf der Weltgeschichte, hüllte aber den Untergang der seit Jahrhunderten Russland regierenden Dynastie in ein weiteres unheilvoll-mystisches Dunkel.

Weniger bekannt ist, dass die Bluterkrankheit auch das spanische Königshaus heimsuchte. König Alfons XIII.

hatte sich in den Kopf gesetzt, ausgerechnet im englischen Königshaus eine Braut zu suchen, und traf mit bemerkenswerter Sicherheit dazu genau noch die falsche Wahl. Drei Damen kamen infrage, zwei davon Töchter von Söhnen der Queen, die beide keine Bluter waren und damit auch keine pathologische Genvariante an ihre Töchter weitergeben konnten. Insofern war es praktisch ausgeschlossen, dass diese Konduktorinnen waren. Alfons suchte sich, trotz zahlreicher Warnungen, jedoch die dritte aus, nämlich Victoria Eugenie, die Tochter von Victorias jüngstem Kind, Beatrice von Battenberg. Beatrice war aber – wie ihre Schwester Alice, die Großmutter des Zarewitsch – eine Konduktorin, was sich rasch erweisen sollte.

Die Ehe des spanischen Königspaares war auch bald von einem Kind gesegnet, hinsichtlich des Geschlechts ein voller Erfolg: männlich und damit designierter Thronfolger. Aber Alfonso Pius (Alfonsito) litt an der Bluterkrankheit, was die erste schwere Ehekrise zur Folge hatte. Immerhin kam bald ein zweites nicht diesbezüglich erkranktes männliches Kind auf die Welt, Jaime, der – von Geburt an taub – allerdings kein Kandidat für den spanischen Thron war. Dann folgte eine Tochter, Beatrix, schließlich ein totgeborener Sohn, der, wie man feststellte, ebenso an Hämophilie gelitten hätte, danach Maria Christina und endlich ein gesunder potenzieller Thronfolger, Juan. Dessen Sohn, der heute irgendwo im Ausland lebende, mit seiner Familie heillos zerstrittene und durch diverse Affären und Geschäfte belastete Juan Carlos, war für lange Zeit König der nach dem Tode Francos wieder eingesetzten spanischen Monarchie, dankte aber schließlich unter Druck ab. Sein Sohn Felipe ist der jetzige spanische König.

Zurück zu Alfonso XIII. und seiner englischen Gattin, Enkelin der Queen Victoria: Trotz der seit Langem zerrütteten Ehe kam noch einmal ein Kind, wieder ein Sohn (Gonzalo) und wieder einmal ein Bluter. Interessant war das Schicksal der beiden Mädchen. Mit dem Makel als Töchter einer Konduktorin blieben sie lange unverheiratet, landeten schließlich doch im Hafen der Ehe, hatten gesunde Kinder und starben im Alter von 93 bzw. 87 Jahren. Ihre beiden bluterkranken Brüder Alfonsito und Gonzalo wurden gerade etwa 30 Jahre alt und blieben ohne Nachkommen. So verschwand sie wieder aus dem spanischen Königshaus, die schreckliche Hämophilie, nicht aber ohne vorher eine Schneise von Tod, Leid und Verzweiflung geschlagen zu haben (dargestellt im Wesentlichen nach Lewis 2009, S. 164 ff.).

3 Ungewöhnliche posthume Schicksale

3.1 Vorbemerkungen

Auch wenn eine Person verstorben ist, bleibt ihr Körper als Sache zurück und unterliegt wie andere Gegenstände zuweilen eigenartigen Schicksalen. Bei Leichnamen sind diese teilweise besonders kurios, weil eben für sie spezielle Entsorgungsmodalitäten vorgesehen sind, die leicht zu verwirrenden und schaurigen Sachverhalten führen. Das war – so geht wenigstens das Gerücht – beispielsweise bei dem sagenhaften Violinvirtuosen Niccolò Paganini der Fall, dem die Kirche über Jahrzehnte das Begräbnis in geweihter Erde verweigerte, weil sie annahm, der »Teufelsgeiger« sei tatsächlich mit dem Teufel im Bunde gestanden.

Zudem ist der Körper – von Ausnahmen abgesehen, wie im Falle Schillers (▶ Abschn. 3.4) – nach wie vor eindeutig der ihm innewohnenden Person zugeordnet und wird weiter mit ihr identifiziert. Nur auf dieser Basis ist die posthume Justiz nachzuvollziehen. Kann man eine Strafe nicht mehr dem Lebenden zuführen, wie man es sich gewünscht hätte und wie es vielleicht juristisch geboten gewesen wäre, so vollzieht man den Strafakt eben zumindest an dessen sterblichen Überresten. Zuweilen gibt es sogar posthume Selbstbestrafungen, wie es Kaiser Maximilian I. (1459–1519) praktiziert haben soll: Er ordnete an, seinen Leichnam zu geißeln, ihm die Haare zu scheren und seine Zähne auszubrechen.

3.2 Posthume Justiz

Wahrscheinlich ist es im Laufe der Geschichte immer wieder vorgekommen, dass man einen Leichnam ausgrub, ihn formal vor Gericht stellte und das in aller Regel gefällte Todesurteil an einem bereits Toten vollstreckte. Hier nur zwei Beispiele.

3.2.1 Die Leichensynode

Wir gehen etwa ein gutes Jahrtausend zurück in das *Saeculum obscurum* (das »dunkle Jahrhundert«) der Papstgeschichte, die Zeit von 867–964, in der nicht weniger als 27 Männer das Pontifikat innehatten. Einige saßen nur wenige Monate auf dem Stuhl des Heiligen Petrus, manche sogar nur für ein paar Tage. Mit anderen Worten: Der natürliche Tod war eher die Ausnahme, der gewaltsame die Regel. In der großen (der »ewigen«) Stadt Rom, welche der berühmte Tiber eher als Rinnsal denn als mächtiger Strom durchfließt, hat sich im Laufe ihrer langen und wechselvollen Geschichte unzweifelhaft allerlei Schreckliches und Kurioses ereignet.

Das Makaberste, was die Wasser des Tiber wohl je getragen haben, war die in päpstliche Gewänder gehüllte und verstümmelte Leiche des Papstes Formosus. Der auf ihn praktisch unmittelbar folgende Stephan VI. – Formosus Nachfolger Bonifaz VI. saß gerade einmal zehn Tage auf dem päpstlichen Thron – wurde von einer adligen Familie protegiert, die mit Formosus in Streit gelegen hatte. Gewissermaßen als Dankeschön für die Unterstützung ließ Stephan den gerade unter die Erde Gebrachten wieder ausgraben, in päpstliche Gewänder kleiden und auf einen Thron setzen, um Gericht über ihn zu halten. Alle von For-

mosus während seines fünfjährigen Pontifikats vorgenom-
menen Weihen wurden für ungültig erklärt, dem Verurteilten der Segensfinger der rechten Hand abgeschlagen und
die Leiche in den Tiber geworfen.

Auch Stephan VI. blieb übrigens nicht lange am Leben:
Wenige Monate nach Antritt seines Pontifikats wurde er
vom römischen Volke erwürgt. Der auf ihn folgende Ro-
manus blieb nur vier Monate im Amt. Der nächste Papst,
Theodor II. (der von den Historikern sehr günstig beurteilt
wird), ließ den aufgefundenen Leichnam des Formosus in
allen Ehren bestatten und erklärte alle Verfügungen der
»Leichensynode« für ungültig. Theodor hielt sich gerade
einmal drei Wochen auf dem Stuhle Petri (stark angelehnt
an Köhler 2013, S. 9).

3.2.2 Die Hinrichtungen eines lebenden Königs und eines toten Lord Protector

Charles I., König von England und Schottland, war vor
Ludwig XVI. wohl der erste europäische Herrscher, der
in einem formalen Gerichtsverfahren zum Tode verurteilt
wurde. Er hatte elf Jahre lang am Parlament »vorbei-
regiert«, dabei – der Unterstützung durch seine Armee
sicher – scharfe und ungerechte Steuergesetze erlassen und
damit unweigerlich den Volkszorn auf sich gezogen.

Ein weiterer Grund war aber zumindest ähnlich entscheidend, dass es zum Englischen Bürgerkrieg kam: King
Charles war Oberhaupt der anglikanischen Church of
England und damit in den Augen der auf dem Inselreich
rasch zunehmenden Puritaner, welche die strengste Form
des Protestantismus pflegten, nämlich die calvinistische
Variante, nicht »protestantisch genug«. Einer seiner mächtigen Vorgänger, der bekannte Heinrich VIII., hatte sich

zwar vom Papst losgesagt[21] und seine eigene Church of England, mit ihm selbst als Oberhaupt, gegründet, blieb aber ansonsten hinsichtlich Dogmatik und religiösem Zeremoniell der römischen Kirche weiterhin sehr nahe. Zudem munkelte man – sicher nicht ganz zu Unrecht –, dass die verbliebenen Katholiken am englischen Königshof unter King Charles weiter nicht unbeträchtlichen Einfluss hatten.

1642 kam es so zum »Civil War« (dem Bürgerkrieg), der erst ein Jahrzehnt später entschieden war und auf beiden Seiten zahlreiche Opfer forderte. Gegenüber standen sich der König mit seiner Armee, unterstützt vornehmlich vom höheren Adel, Anglikanern und Katholiken (den Royalists), während sich die Streitkräfte der Parlamentarier fast ausschließlich aus Puritanern ärmerer Schichten und niedrigerem Adel rekrutierten. An deren Spitze stand der militärisch und militär-psychologisch äußert begabte Oliver Cromwell, dessen Kräfte auch zunehmend die Oberhand gewannen. 1648 wurde König Charles gefangen, vor ein Gericht gestellt und zu Beginn des Jahres 1649 wegen Hochverrats hingerichtet.

Neuer Herrscher wurde als Lord Protector von England, Schottland und Irland Oliver Cromwell, dessen Herrschaft allerdings keineswegs die ersehnten Verbesserungen brachte. Zwar setzte er sich für ein starkes Bildungswesen ein, zeigte jedoch im Kampf gegen die weiterhin renitenten katholischen Iren eine Brutalität, die bis heute die Beziehungen zwischen der irischstämmigen und der britischen

---

21 Grund war, dass sich Papst Clemens VII. weigerte, Heinrichs Ehe mit Katharina von Aragon zu annullieren (ein sonst durchaus übliches Vorgehen). Allerdings stand Clemens zu diesem Zeitpunkt ganz in der Macht von Kaiser Karl V., einem nahen Verwandten von Katharina.

Bevölkerung in Nordirland belastet. Zur ausgesprochenen Tristesse wurde das gesellschaftlich-religiöse Leben. Die feierlichen Gottesdienste, welche die katholischen Priester und die der Church of England, gekleidet in festliche Gewänder unter Musikbegleitung in mit Bildern und Statuen geschmückten Kirchen, hielten, wurden ersetzt durch stundenlange Gebete und Predigten in kahlen Räumen. Was hätte man aber auch sonst an den langen Sonntagen tun sollen? Tanzveranstaltungen waren ebenso verboten wie Theateraufführungen; blieb also nur eifriges Lesen in der Heiligen Schrift.

Als Oliver Cromwell 1658 starb, bestimmte er seinen Sohn zum Nachfolger – man fühlt sich ein wenig an Orwells »Animal Farm« erinnert. Dieser gab den Posten jedoch bald ab und tat sicher gut daran, denn das republikanisch-puritanische Experiment war kläglich gescheitert. Stattdessen holte man den Sohn Charles' I. aus dem Exil zurück (einen Katholiken, der im Gegensatz zu seinem Bruder und Nachfolger James II. seine Konfession nie publik machte und erst auf dem Sterbebett offiziell konvertierte); er wurde jubelnd begrüßt und bestieg als Charles II. den Thron. Eine seine ersten Taten war, die noch lebenden, am Verfahren gegen seinen Vater beteiligten Parlamentarier vor Gericht zu stellen, welches erwartungsgemäß die Todesstrafe anordnete.

Dann kamen Cromwell und seine nächsten Helfer an die Reihe: Erst wurde über die noch Abwesenden (d. h. in ihren Grabstätten Ruhenden) Gericht gehalten, welches sie wegen Hochverrats verurteilte. Danach wurden sie ausgegraben – Oliver Cromwell hatte Westminister Abbey als letzten Ruheort gewählt – und ihre Körper in offenen Särgen, vorbei an einer begeisterten Menge, auf Schlitten zum Richtplatz gebracht. Dort erhängte man sie und ließ die

Toten einige Stunden am Galgen hängen – eine wenig appetitliche Angelegenheit bei schon etwa zwei Jahre vor sich hin verwesenden Leichen (▶ Abb. 3-1). Danach wurden die Köpfe mit dem Schwert abgetrennt, auf lange Stangen aufgespießt und an einer zentralen Londoner Stelle (an dem Ort, wo heute das neugotische House of Parliament steht) zur Schau gestellt – und das etwa für zwei Jahrzehnte. Schließlich brach bei einem schweren Sturm die Stange mit Cromwells Kopf ab, der Schädel wurde von einem Wachmann gefunden, der ihn bald verkaufte; die wechselnden Käufer machten ihr Geld mit der Ausstellung des gegen Gebühr zu besichtigenden Schädels. *»Erst Generationen später«*, schreibt Berg (2019, S. 161, dem die Darstellung in ihren letzten Abschnitten gefolgt ist), *»machte ein Nach-*

Abb. 3-1   Toter geht's nicht:
Erhängung und Enthauptung der Leiche Oliver Cromwells.

fahre der Familie [...] dem unwürdigen Spiel ein Ende, indem er das Haupt dem Sidney Sussex College/Cambridge (ehemaliges Cromwell-College) zur Bestattung anbot. Diese erfolgte in großer Heimlichkeit im College an einem geheimen Ort (1960), so dass nun zumindest der Kopf des Protektors seine endgültige Ruhestätte gefunden haben dürfte.«

Viele Puritaner kamen ins Gefängnis oder wanderten aus, vornehmlich nach Amerika, wo sie noch heute erheblichen Einfluss in der Politik haben; die unselige Prohibition der 1920er-Jahre ging nicht zuletzt auf puritanischen Einfluss zurück (s. Köhler 2019, S. 32 f.).

3.3 Ein Leichnam reist durch Spanien

Philipp, der Schöne (1478–1506), ältester Sohn Kaiser Maximilians aus dem Hause Habsburg und damit naturgemäß der nächste Kaiser des Heiligen Römischen Reiches Deutscher Nation, starb mit gerade einmal 28 Jahren an einer fieberhaften Erkrankung in Burgos, Nordspanien. Er war Ehemann von Johanna, dem dritten Kind der »katholischen Könige« Isabella von Kastilien und Ferdinand von Aragon. Nachdem deren ältere Geschwister früh gestorben waren, war Johanna Anwärterin auf die spanische Königskrone, die sie aber wegen ihrer schweren Geisteskrankheit (s. unten) nie wirklich trug. Ihr erster Sohn mit Philipp dem Schönen, Karl, erbte nach Maximilians Tod die habsburgischen Kronländer, nach Johannas Tod (de facto schon vorher, wenn auch unter juristischen Gesichtspunkten fragwürdig) die Königswürde über das gesamte Spanien (inklusive seiner riesigen Kolonien in Südamerika und den Philippinen). Er wurde als Karl V. deutscher Kaiser und konnte sich rühmen, dass in seinem Reiche die Sonne nie unterginge.

Johanna (mit dem Beinamen »die Wahnsinnige«, span. *Juana la Loca*), deren Leben und Krankengeschichte ich an anderer Stelle (s. Köhler 2017, S. 88 ff.) geschildert habe, litt mit großer Wahrscheinlichkeit an (paranoider) Schizophrenie. Dafür sprechen nicht nur ihr schon früh zu beobachtendes aufbrausendes Verhalten, ihre Gewalttätigkeiten im Rahmen einer (durchaus begründeten) Eifersucht, die Vernachlässigung ihrer Körperpflege, ihre völlige Verwahrlosung in den letzten Lebensjahrzehnten (trotz einer komfortablen und sicher an hygienischen Möglichkeiten reichen Internierung), insbesondere aber ihr Verhalten und die Wahnideen, die nach dem plötzlichen Tod ihres Ehemannes unübersehbar wurden. Natürlich ranken sich um so lange zurückliegende Begebenheiten – wir befinden uns in der ersten Hälfte des 16. Jahrhunderts – zahlreiche Legenden. Eine lautete, dass Johanna ihren Gemahl lange Zeit gar nicht begraben ließ, weil sie ihn für nur scheintot hielt und durch diverse Intimitäten täglich versuchte, ihn aus diesem Zustand herauszuholen. Gesichert ist, dass sie beschloss, Philipps Leiche quer durch die iberische Halbinsel nach Granada zu transportieren, weil er dort zu Lebzeiten seine letzte Ruhestätte gewünscht hatte. Ob der nie begrabene Leichnam im Nordwesten Spaniens bis zu dem makabren Zug unbeerdigt vor sich hin verweste oder ob sie den Sarg nach einigen Monaten exhumieren ließ, tut letztlich wenig zur Sache.

Wie auch immer: Eines Nachts setzte sich eine Menschenmenge in Bewegung, Johanna, allerhand Geistlichkeit und Militär sowie der seit Monaten verblichene Ehemann Philipp. Gereist wurde nur während der Nacht, tagsüber in Klöstern Halt gemacht, wobei mehrere Soldaten jede Person, insbesondere jene weiblichen Geschlechts, vom Leichnam fernzuhalten hatten. Was zu seinen Lebzeiten eine sicher nicht unbegründete Befürchtung war, nämlich dass sich Frauen Philipp dem Schönen mit intimen Absichten näherten, war nun zu einer schweren Wahnidee geworden. Den Höhepunkt erlebte die Tragikomödie, als der Tross aufgrund eines planerischen Fehlers in einem Frauenkloster Station machte, was Johanna zum Befehl veranlasste, den Komplex unverzüglich zu verlassen und stattdessen auf einer Wiese zu lagern; dort wollte sich die eigentliche Herrscherin des mächtigen Kastiliens noch einmal von der Identität ihres Gatten überzeugen und ließ dazu den Kadaver aus dem Sarg holen. Spätestens seither trug sie den Beinamen »*la loca*«, die Verrückte. Als der gespenstische Zug nach zwei Jahren die Stadt Tordesillas in der Provinz Castilla y León erreichte, also so gut wie nicht vorangekommen war, ließ sie ihr Vater Ferdinand von Aragon – Isabella von Kastilien war mittlerweile verstorben – internieren, eine Maßnahme, die auch Johannas Sohn Karl nicht aufhob. Dort starb Juana la Loca Jahrzehnte später, völlig verwahrlost innerhalb ihrer Exkremente. Ihre Leiche wurde in die Kathedrale von Granada überführt, wo Philipps sterbliche Überreste schon längst angekommen waren. So ruhen die beiden nebeneinander, in unmittelbarer Nähe ihrer Eltern, den »*Reyes Catolicos*«, unter denen Spanien zu einem Weltreich geworden war, dessen Ausdehnung später nur noch vom British Empire und dem russischen Zarenreich (bzw. dessen Nachfolger, der Sowjetunion) übertroffen wurde.

3.4 Schillers Schädel

Die ohnehin schon schwere deutsche Sprache wird noch dadurch kompliziert, dass es zahlreiche Varianten der Pluralbildung gibt; u. a. sind bei einigen Substantiven Einzahl- und Mehrzahlform gleich (beispielsweise der Lehrer, die Lehrer; das Bündel, die Bündel; das Mädchen, die Mädchen). So ist es auch bei »Schädel« und dies ermöglicht die zweideutige Überschrift: Natürlich besaß der beliebte Dichter nur einen Schädel, aber es bleibt unklar, welche der verschiedenen nahe der Grablege gefundenen Schädelknochen der seinige ist.

Bekannt ist, dass Schiller 1805 mit gerade 46 Jahren in Weimar starb – aller Wahrscheinlichkeit nach an Lungentuberkulose. Die Beisetzung des berühmten Mannes war eigenartig unzeremoniell. Des Nachts wurde sein mit Namen versehener Holzsarkophag unter Anwesenheit weniger Personen – ein Geistlicher war nicht anwesend – in das »Kassengewölbe« gelegt, einem unterirdischen Raum des St. Jakobus Friedhofs, in dem bereits etwa 50 andere Särge ihren Platz gefunden hatten (und noch ein Dutzend folgen sollten). Dieses Kassengewölbe wurde »*für die Bestattung von Personen freigegeben, die sich ›durch Rang, Geburt oder Verdienst ausgezeichnet‹ hatten, jedoch kein eigenes Familiengrab besaßen*« (Schmitz 2006, S. 1242). Goethe ließ sich wegen einer Unpässlichkeit entschuldigen.[22] 1826

---

22 Wie unpässlich muss man eigentlich als 56-Jähriger sein, der noch 27 Jahre zu leben hatte, um sich nicht im kleinen Weimar für wenige Stunden an einen nahen Ort zu begeben und seinem Dichterfreund die letzte Ehre zu erweisen? Goethe hatte auch über Jahrzehnte, obwohl oft nahe Frankfurt weilend, nie seine Mutter besucht. Seiner menschlichen Qualitäten wegen verdient er keine besondere Verehrung.

kam die Anordnung, im Kassengewölbe aufzuräumen. Man fand (nach zwei Jahrzehnten nicht gerade eine Überraschung) die Särge zerfallen, die Knochen heillos durcheinander und das Unternehmen wurde abgebrochen. In einer Nacht-und-Nebel-Aktion begab sich einige Tage später der Weimarer Bürgermeister Schwabe (dieser hatte auch damals die eigenwillige Bestattung des großen Dichters organisiert) mit einigen Helfern in die Gruft, packte 23 Schädel ein und entschied, dass der größte von ihnen – Schiller war ein hochgewachsener Mann – der des Dichters sei. Auch die auffallende Übereinstimmung mit den Zügen der Totenmaske bestätigte ihn in seiner Überzeugung, den richtigen Fund gemacht zu haben, was ihm von verschiedenen Seiten attestiert wurde. »*Später*«, schreibt Schmitz (2006, S. 1243), »*erkannte Ernst Schiller im Namen der Familie die Reliquie als echt an.*« Mit ähnlicher Argumentation wählte man noch einige andere Knochen aus und brachte das rudimentäre Skelett in die Anna-Amalia-Bibliothek.

Zur Aufbewahrung des Schädels wurde eine Büste angefertigt mit einem Marmorsockel, in dem in einem verschließbaren Hohlraum die kostbare Reliquie ihren Platz fand. Das Ganze wurde in einem Festakt aufgestellt, wobei der Dichterfürst Goethe wieder einmal unpässlich war und sich durch seinen Sohn August vertreten ließ. »*Der Schüssel für das Postament aber*«, schreibt Schmitz (2006, S. 1244), »»*soll stets in den Händen der Großherzoglichen Obersicht über die mittelbaren und die unmittelbaren Anstalten für Wissenschaft und Kunst bleiben*‹«, also in denen des Geheimrats Johann Wolfgang von Goethe. Die restlichen gefundenen Skelettknochen wurden wenig feierlich in einer Holzkiste einige Stockwerke tiefer deponiert. Dass Goethe keineswegs Schillers Gebeine gleichgültig waren, sondern ihm lediglich Festakte widerstanden, zeigte sich darin, dass er bald von seiner Schlüsselgewalt Gebrauch machte und sich den Schädel ins eigene Haus bringen ließ; fast ein Jahr lang blieb er dort, bis der bayerische König Ludwig I. seinen Besuch in Weimar ankündigte und den Wunsch äußerte, beim Besuch der Bibliothek die Büste samt Inhalt zu sehen. Während dieses Jahres pflegte Goethe wiederholt den Schädel ergriffen zu betrachten und schrieb dabei eines seiner berühmtesten Gedichte, »Bei Betrachtung von Schillers Schädel«. Ein Jahr später entschloss man sich, das Skelett in einem Sarg in der mittlerweile errichteten Weimarer Fürstengruft unterzubringen, wo seit 1832 neben ihm der Sarg Goethes steht.

Im Jahre 1911 kam eine beträchtliche Verwirrung auf, als ein gewisser Froriep noch einmal im Kassengewölbe grub und einen zweiten Schädel präsentierte, den er als besser passend darzustellen versuchte. Dieser »Froriep-Schädel« (übrigens der einer Frau) wurde samt einiger Knochen ebenfalls in einen Sarkophag gelegt, welcher in der Fürstengruft nahe des Sarkophags mit dem »Schwabe-Schädel« platziert wurde – die Wahrscheinlichkeit, dass die Gebeine Schillers in der Gruft lagen, wurde immerhin so eher größer.

2007 kam die Wahrheit ans Licht: DNA-Vergleiche mit Nachkommen des Dichters zeigten, dass keiner der Schädel von Friedrich Schiller stammte. Die Skelette der Unbekannten wurden auf einem Friedhof beigesetzt, der Sarg in der Fürstengruft mit dem Namen »Schiller« ist seitdem leer.

3.5 Von Sarajewo nach Artstetten: Das unwürdige Begräbnis des österreichischen Thronfolgerehepaars

Kommen wir noch einmal auf das Attentat auf den österreichisch-ungarischen Thronfolger Franz Ferdinand und seine Frau Sophie zurück (▶ Kap. 2.2.2). Unzweifelhaft wäre das Unternehmen nicht erfolgreich gewesen, hätte der Chauffeur des den Erzherzog transportierenden Wagens (bzw. der des ihm vorausfahrenden) nicht eine falsche Abbiegung gewählt. Unstrittig ist aber auch, dass die Sicherheitsvorkehrungen von vornherein unzureichend waren, und nicht allzu spekulativ bleibt die Vermutung, dass die morganatische Ehe Franz Ferdinands, welche der Kaiser Franz Joseph und mit ihm seine höhere Beamtenschaft nie gebilligt hatten, ihren Teil zu diesen Nachlässigkeiten beigetragen hatte.

Wie auch immer: Mittlerweile lagen die Leichname des Ehepaares im Gouverneurspalast in Sarajewo und mussten zur Bestattung nach Österreich überführt werden. Der Oberhofmeister Montenuovo hatte sehr klare Vorstellungen: Der Erzherzog Franz Ferdinand sollte in der Kapuzinergruft in Wien beigesetzt werden, seine nicht standesgemäße Ehefrau hingegen in der Familiengruft im Schloss Artstetten in Niederösterreich. Das aber hatte, so Pauli (1966, S. 347), »*Franz Ferdinand vorausgesehen und dagegen Vorkehrungen getroffen. Sein Testament bestimmte, dass auch er mit Sophie in Artstetten ruhen wolle*«.

Schloss Artstetten liegt in Niederösterreich am linken (nördlichen Donauufer), gegenüber der Stadt Pöchlarn, circa 100 Kilometer donauaufwärts von Wien entfernt. Dort hatte vor einigen Jahrhunderten das Haus Habsburg ein Renaissance-Schloss erworben, welches weitervererbt wurde und sich damals im Besitz des Erzherzogs Franz Ferdinand befand. Dieser hatte bereits 1909 auf dem Anwesen eine Kapelle bauen lassen, die als Gruft für seine Familie dienen sollte. Dorthin mussten letztendlich die beiden Särge gebracht werden.

Nach einer beträchtlichen Weile trafen sie per Zug spät nachts am Wiener Südbahnhof ein und wurden in die Hofburg gefahren, wobei auf höchste Anordnung jeglicher militärische Pomp unterblieb. *»Nur am Morgen des 3. Juli«* – ich zitiere hier und auch für das Folgende noch einmal Pauli (1966, S. 347 f.) – *»durch ganze drei Stunden, war das Volk zur Aufbahrung zugelassen. Und da bot sich ein ungewöhnlicher Anblick: Der Sarg der Herzogin von Hohenberg stand 35 Zentimeter tiefer als der ihres Gemahls. Auf dem seinen lagen die Prinzenkrone, der Generalshut, der Säbel und die Orden, auf dem ihren ein schwarzer Fächer und ein Paar weiße Handschuhe – die Kennzeichen einer Hofdame. Das war die Anordnung von Montenuovo.«*

Ein Großteil des Volkes, welches am aufgebahrten Thronfolgeehepaar vorbeischreiten wollte, musste die Hofburg unverrichteter Dinge wieder verlassen. Bald danach fand die feierliche Einsegnung statt, wobei ausländischen Staatsoberhäuptern bzw. Monarchen mit geschickten Tricks die Teilnahme »vermiest« worden war. Als einziges gekröntes Haupt nahm Franz Joseph teil, dabei – wie man berichtet – ohne die geringste Spur von Ergriffenheit oder gar Trauer; unmittelbar anschließend verließ der Kaiser eiligst die Kirche, *»ohne auch nur einen Blick auf die Särge zu werfen«.*

Mit einfachen Leichenwagen wurden die Särge zur Westbahn transportiert, wobei der schon mehrfach erwähnte Oberhofmeister Montenuovo damit seine Aufgabe als erledigt ansah: *»Ich stelle euch die Leichen bis auf die*

Westbahn, *lasse sie noch einwaggonieren und abrollen, dann aber könnt ihr damit machen, was ihr wollt«*, soll er gesagt haben. Immerhin ließen es sich die Erzherzoge, ihnen allen voran der spätere Kaiser Karl, nicht nehmen, den Toten das letzte Geleit zu geben. Dann setzte sich der Trauerzug (im doppelten Sinne der Bedeutung) in Bewegung und traf um zwei Uhr morgens in Pöchlarn ein. Als ob des Makabren noch nicht genug, ereignete sich auch hier eine gespenstische Szene: Beim Eintreffen des Zuges am Zielbahnhof setzte ein solches Unwetter ein, dass ein Großteil des begleitenden Personals verzweifelt irgendwo Schutz suchte; die beiden Särge wurden in der überfüllten Bahnhofshalle abgestellt. Wie zu entsorgender Unrat standen die sterblichen Überreste des Thronfolgerehepaares zwischen dem lärmenden, trinkenden und rauchenden Volk und harrten des Weitertransports. Irgendwann entschloss sich man trotz des nach wie vor tobenden Unwetters zur Abfahrt an die Donau, während die Ortsbewohner Spalier standen. Es ging auf die Fähre, wobei die die beiden Leichenwagen ziehenden Pferde scheuten und es nur mit Mühe gelang, sie auf das Schiff zu bringen. Mitten während der Überfahrt schlug in nächster Nähe ein Blitz ein, sodass die Pferde sich aufbäumten und der Wagen mit dem Sarg des Erzherzogs beinahe in die Donau gestürzt wäre.

Exakt zur Zeit der Bestattung hatte der Oberhofmeister das offizielle Requiem für das Thronfolgerehepaar in der Hofkapelle in Wien angesetzt; diesem wohnte aber der Großteil des Hochadels nicht bei, sondern der Grablegung in Artstetten, die der Abt des nahe gelegenen Wallfahrtsortes Maria Taferl leitete. Insgesamt kann der ganze Vorgang nur als Peinlichkeit und Gipfel an Geschmacklosigkeit bezeichnet werden, die logische Fortsetzung jener ignoranten Blasiertheit, die überhaupt erst das Attentat ermöglicht hat.

3.6 Die Gebeine der Romanows

Die Vorgeschichte ist bekannt, dank genauer Dokumentation speziell die Ermordung der Kaiserfamilie und einiger ihrer Bediensteten. Auch die Umstände der Beseitigung der Leichname sind in groben Zügen klar; allerdings blieben einige Unbestimmtheiten und vieles geriet im Laufe der Jahrzehnte in Vergessenheit.

Das riesige Russische Reich wurde seit mehreren Jahrhunderten von Zaren aus der Familie Romanow regiert, seit 1894 von Nikolaj II., der seinem früh verstorbenen Vater Alexej III. auf den Thron folgte. Er hatte im Jahr seiner Thronbesteigung Alix von Hessen-Darmstadt (die spätere Zarin Alexandra Fjodorowna Romanowa) geheiratet, eine Enkelin der Queen Victoria (was ihre Eigenschaft als Konduktorin der Bluterkrankheit erklärte; ▸ Kap. 2.7). In rascher Folge wurden vier Töchter geboren, endlich schließlich der ersehnte – allerdings schwer bluterkranke – männliche Thronfolger Alexej Nikolajewitsch (▸ Abb. 3-2).

Die Regentschaft des letzten Zaren stand ohnehin unter einem unglücklichen Stern: Am Tag der Hochzeit kam es beim anschließenden Volksfest zu einer Massenpanik mit mehreren Hundert Toten, 1905 zwangen Aufstände Nikolaj dazu, eine Abgeordnetenkammer (die Duma) zu gründen – wobei allerdings die Macht weiterhin in der Hand des Zaren blieb –, dann endete der Russisch-Japanische Krieg eher unvorteilhaft und der Erste Weltkrieg an der Seite von England und Frankreich gegen Deutschland und Österreich nahm nach verheißungsvollem Beginn eine zunehmend schlechte Wendung. Anfang des Jahres 1917 kam es wegen der mangelnden Versorgung und der extrem gestiegenen Preise zu diversen Aufständen, denen sich auch Teile der Armee anschlossen (sogenannte Februarrevolution).

Abb. 3-2 Die Familie des Zaren Nikolaj II., als die Welt noch heil war.

Im März 1917 sah sich Nikolaj zur Abdankung gezwungen und die Duma setzte eine Übergangsregierung ein. Ihr Ministerpräsident wurde sehr bald Alexander Kerenski, ein auf Ausgleich bedachter Mann, der allerdings insofern mit großen Schwierigkeiten zu kämpfen hatte, als gleichzeitig und konkurrierend Sowjets, d. h. Arbeiter- und Bauernräte, in einigen Regionen die Herrschaft übernommen hatten. In Erwartung der für Ende des Jahres vorgesehenen Wahlen bildeten sich zwei große Strömungen, nämlich die Menschewiki einerseits, welche eine parlamentarische Republik anstrebten, und die Bolschewiki (die spätere Kommunistische Partei) andererseits, deren Ziel eine Räterepublik war, wie sie schließlich in der Sowjetunion später auch verwirklicht wurde. Letztere erhielten gewaltigen Auftrieb, als Deutschland mit dem Ziele der Destabilisierung des Kriegsgegners Russland zahlreichen, vor dem zaristischen Regime in die Schweiz geflohenen Regierungsgegnern die Durchreise ermöglichte, u.a. Wladimir Iljitsch Uljanow, besser bekannt unter dem Namen Lenin (▸ auch Abschn. 3.8). Dieser wurde begeistert von einer riesigen Menschenmenge am Finnischen Bahnhof in Sankt Petersburg empfangen und etwa ein Jahr später Vorsitzender der »Russischen Sozialistischen Föderativen Sowjetrepublik«. Mittlerweile hatten im Herbst 1917 die Wahlen stattgefunden, die Bolschewiken zwar weit die Mehrheit verfehlt, sich jedoch mithilfe ihres militärischen Arms, der Roten Armee, hochgeputscht (Oktoberevolution). Natürlich ging dies nicht ohne Widerstand ab, insbesondere der sogenannten Weißen Armee (Weißgardisten), die aus Menschewiki (den gemäßigten Sozialisten), Liberalen und Monarchisten bestand und ebenfalls etliche Teile des riesigen Landes unter Kontrolle hatte; es war der Russische Bürgerkrieg, der viele Millionen Opfer forderte. Erst 1922 siegten die Bolschewiken endgültig und es kam zur Gründung der UdSSR (Union der Sozialistischen Sowjetrepubliken, kurz: Sowjetunion), deren Vorsitzender bis zu seinem frühen Tod 1924 Lenin war.

Nun zurück zur Zarenfamilie: Nach Nikolajs Abdankung lebten sie zunächst nahe Sankt Petersburg in den Palastanlagen vom Zarskoje Selo, ihrem Sommersitz, zwar unter Hausarrest, aber mit der Möglichkeit, in den weiten Gärten zu promenieren und wohl ohne allzu große Einschränkung ihres luxuriösen Lebens. Dass sie einige Monate später von Kerenski nach Tobolsk in Sibirien geschickt wurden (einem in Zarenzeiten etablierten Ort für Verbannte), war wohl weniger als Strafe gedacht, sondern als Versuch, sie vor den bolschewistischen Kämpfern zu schützen, die mutmaßlich kurzen Prozess mit ihnen gemacht hätten. Allerdings erreichte die Rote Armee einige Monate später auch Tobolsk, die Zarenfamilie wurde von den Rotgardisten in das weiter westlich gelegene Jekaterinburg gebracht und im Haus des Ingenieurs Ipatjew (später als »Ipatjew-Haus« bezeichnet) einquartiert. Wahrscheinlich sollte dies nur eine Zwischenstation auf dem Weg nach Moskau sein, wo man einen förmlichen Prozess gegen den Zaren führen wollte.

Aus diversen Gründen kam man jedoch von diesem Plan ab und entschied sich für eine heimliche Liquidation. Dazu wurde in der Nacht vom 16. auf den 17. Juli 1918 die Familie samt Leibarzt und der wenigen noch vorhandenen Dienerschaft in ein Kellerzimmer bestellt, unter dem Vorwand, Fotos zu erstellen. Nachdem alle eingetroffen waren, eröffnete man ihnen, dass sie sämtlichst erschossen würden. Der erste Schuss tötete den Zaren selbst. Dann kamen alle anderen an die Reihe, wobei auch die unschuldige Dienerschaft nicht verschont wurde, wahrscheinlich um jegliche Zeugen auszuschalten. Einige der Zarentöchter starben nicht durch die Schüsse, weil sie Schmuck in ihre Unterwäsche eingenäht hatten, an dem die Kugeln abprallten; sie wurden durch Stiche mit einem Bajonett getötet. Dann beseitigte man alle Spuren, karrte die Leichname aus dem Haus und legte sie in eine Grube, in die noch eine Handgranate geworfen wurde. Bereits am Tag darauf hob man alle wieder aus, warf sie diesmal in ein etwas tieferes Loch und schüttete zur Erschwerung der Identifikation reichlich Säure auf die Leichen. Vorher wurden der Thronfolger Alexej und eine der Zarentöchter (nämlich Maria) verbrannt, sodass ihre Skelette nicht im gemeinsamen Grab aufzufinden waren. Sodann ebnete man alles sorgfältig ein, legte Eisenbahnschienen darüber, damit nichts auf den traurigen Ort hinweisen konnte – dies war umso gebotener, als die Weiße Armee vor der Eroberung der Region stand und man ihr nicht diese Reliquien in die Hände fallen lassen wollte. Allerdings waren die Vorgänge akribisch protokolliert worden und die Akten blieben in den Archiven, was sich später als sehr nützlich für die Auffindung erweisen sollte.

Das Ipatjew-Haus, in dem das schreckliche Ereignis geschah, wurde erst 1977 (also noch zu kommunistischen Zeiten) abgerissen. Heute steht dort, als Hauptsehenswürdigkeit von Jekaterinburg, die treffend benannte »Kathedrale auf dem Blut«.

Die falsche Anastasia

Zar Nikolaj mit seinen nächsten Angehörigen war komplett vom Erdboden verschwunden und es wundert nicht, dass sich bald Gerüchte über deren Schicksal bildeten. Unter anderem wurde gemutmaßt, die Zarenfamilie sei gar nicht ermordet, sondern mit Billigung der Behörden ins Ausland geschafft worden, wo sie sich inkognito aufhielt. Stattdessen habe man Personen gleichen Alters und Geschlechts getötet, in der beschriebenen Weise entstellt und verscharrt. Während diese These nie große Anhängerschaft fand, waren viele überzeugt, dass die jüngste Tochter Anastasia vor dem Massaker fliehen und sich nach Amerika absetzen konnte. Tatsächlich behaupteten mehrere junge Frauen, Anastasia oder eine andere überlebende Zarentochter zu sein. Am bekanntesten war der Fall der 1896 in Westpolen geborenen Franziska Paula Czenstkowski (auch Schanzowsky in späterer Eindeutschung des Namens), die 1920 nach einem Selbstmordversuch aus einem Berliner Kanal gefischt und in eine psychiatrische Anstalt eingewiesen wurde. Bald nach dem Klinikaufenthalt gab sie bekannt, Anastasia zu sein. Obwohl sie nur sehr schlechtes Russisch sprach, schenkten ihr viele Glauben; ihre Behauptung, dass die dramatischen Ereignisse in Jekaterinburg an diesem schweren Gedächtnisverlust schuld waren, ließ sich nicht eindeutig widerlegen. Andererseits soll sie – hier widersprechen sich allerdings die Angaben in der Literatur – Details aus dem Leben der Zarenfamilie gekannt haben, die sie nicht von anderer Seite haben konnte; auch glich sie

144

Anastasia auffallend. Zudem haben laut Wagner-Loos (2003, S. 264) mehrere Personen, die am Hofe tätig gewesen waren, die Zarentochter später erkannt. Wahrscheinlich glaubte die Frau, die bald das Pseudonym Anna Anderson annahm, tatsächlich an ihre eigene Version der Lebensgeschichte. Mehrfach führte sie Prozesse, um als Zarentochter anerkannt zu werden (und damit natürlich auch an das Romanowsche Vermögen zu kommen); allerdings wurden ihre Ansprüche stets gerichtlich als unbegründet erklärt. 1968 siedelte sie in die USA um, heiratete bald und nahm den Familiennamen Manahan an; ihr Vorname lautete ab dann Anastasia. Zurückgezogen, eher ärmlich und in ihren geistigen Fähigkeiten rapide nachlassend starb sie 1984. Ihr Leichnam wurde eingeäschert, die Urne nach Deutschland geschickt, wo sie neben ihren Gönnern und Anhängern, den Herzögen von Leuchtenberg, auf einem Friedhof nahe des Klosters Seeon in Oberbayern (in einem kleinen Teil mit orthodoxen Gräbern) bestattet wurde (▶ Abb. 3-3).

1994 wurde die DNA aus Gewebe von Anastasia Manahan, das von einer früheren Operation noch aufbewahrt wurde, mit der DNA von Verwandten des Hauses Romanow verglichen, wobei sich keinerlei Übereinstimmung fand. Es handelte sich also tatsächlich um eine »falsche Anastasia«.

Abb 3-3   Grab der falschen Anastasia in Seeon (Oberbayern).

Noch zu Sowjetzeiten, nämlich in den späten 1970er-Jahren, begannen einige Personen (getarnt als geologische Expedition), nach den Leichen zu suchen – allerdings durfte dies dem KGB keinesfalls zur Kenntnis kommen. Tatsächlich fand man die »Begräbnisstelle«, entnahm einige der Schädel, um sie aber später zurückzulegen. Erst 1991, lange nach dem Zusammenbruch der Sowjetunion, kehrte einer der damaligen heimlichen Grabsucher mit einem offiziellen Exhumierungsteam an den Ort zurück. Man fand dort neun Skelette von erwachsenen Personen – drei davon gehörten, wie man bald herausfand, zu den Bediensteten, eines war das des Leibarztes. Bei zwei anderen deutete einiges (etwa die teuren Gold- und Platinkronen im Kiefer) bereits bei der ersten Untersuchung darauf hin, dass es sich um die Überreste des Zaren und der Zarin handeln könnte. Auch lagen in der Grube die Skelette von drei Mädchen. Eine Zarentochter fehlte also sicher, zudem fehlten die Knochen des Zarewitsch Alexej, was auch mit den Protokollen übereinstimmt, dass zwei der Leichen getrennt entsorgt wurden. Letzte Klarheit, dass es sich um die Zarenfamilie handelte, gaben molekulargenetische Untersuchungen: Die DNA der Toten wurde mit der von Angehörigen verglichen – im Falle der Zarin mit der von Prinz Philip, dem Ehemann der Queen Elizabeth; hinsichtlich der Identität des Zaren musste man den Bruder des Zaren exhumieren und dem Körper Gewebe entnehmen. Damit war es auch leicht, die Skelette der Mädchen als die der Zarentöchter nachzuweisen, während es natürlich nur mit äußerster Mühe und gewisser Unsicherheit gelang, sie im Einzelnen zu identifizieren. Vergleiche der Schädelreste mit Fotografien legten nahe, dass es sich um Olga, Tatjana und Anastasia (!) handelte. Erst 2007 wurden an einer nicht weit entfernten Stelle die Skelettreste zweier weiterer Personen gefunden, welche als die des Zarewitsch und der Zarentochter Maria identifiziert wurden (s. dazu ausführlich Heresch 2017, S. 193 ff.).

Die Skelette wurden nach Sankt Petersburg überführt, wo sie in der Peter-und-Paul-Kathedrale fast ein Jahrhundert nach ihrem Tod eine würdigere Grabstätte fanden (▶ Abb. 3-4). Die gesamte letzte Zarenfamilie wurde heiliggesprochen. Die Heiligsprechung in der russisch-orthodoxen Kirche geschieht weniger formal als in der römisch-katholischen, wo akribisch geprüft wird, ob die Verstorbenen Wunder bewirkt haben oder als Märtyrer für ihren Glauben gestorben sind. Letzteres wird man der Zarenfamilie – trotz der Bigotterie der Zarin Alexandra – getrost absprechen dürfen.

Abb. 3-4 Grabstätte der echten Anastasia und ihrer Schwester Maria in der Peter-und-Paul-Kathedrale in Sankt Petersburg.

3.7 Nicht verwesende Leichname: Ein ruchloser Ritter und drei Heilige

Westlich von Berlin liegt der kleine Ort Kampehl (mittlerweile eingemeindet in Neustadt/Dosse). Dort findet sich eine kleine romanische Kirche, die jährlich Tausende von Besuchern anzieht, allerdings nicht ihrer Architektur wegen, sondern weil in ihrem Gruftgewölbe die wahrscheinlich berühmteste Mumie in Deutschland zu sehen ist, die des Ritters Christian Friedrich Kahlbutz (auch Kalebuz) (▶ Abb. 3-5). Dieser starb zu Beginn des 18. Jahrhunderts, gut 50 Jahre alt, wahrscheinlich an einer Lungentuberkulose. Schon etwa 100 Jahre später, als man das Gewölbe inspizierte, war man höchst erstaunt, wie gut sich der Kadaver erhalten hatte. An sich ist das nicht so verwunder-

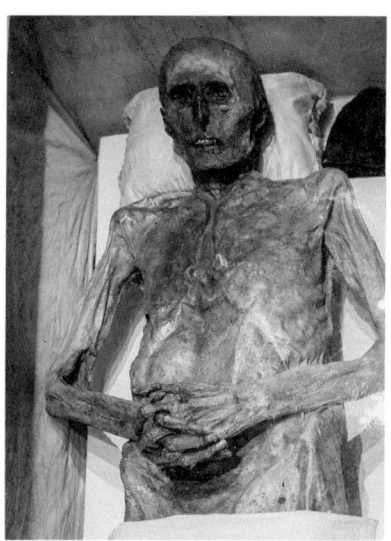

Abb. 3-5   Die berühmteste deutsche Mumie: der Ritter Kahlbutz.

lich, da die Leiche in einem Gruftgrab beigesetzt wurde (▸Kap. 1.3.3), sodass die ständige Belüftung für eine Austrocknung sorgte, ohne dass spezielle Mumifizierungspraktiken angewendet wurden. Das Phänomen hat aber viele Personen fasziniert, so Theodor Fontane, der sie und die sich darum rankenden Erzählungen in seinen »Wanderungen durch die Mark Brandenburg« erwähnte – allerdings in späteren Ausgaben diese Passagen strich.

Der Ritter soll von einer seiner Dienstmägde das »Recht der ersten Nacht« begehrt haben, welches sie ihm jedoch verweigerte. Aus Rache habe er dann ihren Verlobten auf einer Brücke erschlagen. Da es keine Zeugen für den Vorfall gab, konnte sich Christian Friedrich Kahlbutz von Kampehl mit einem Reinigungseid aus der Affäre ziehen. Dabei soll er gesprochen haben: »Wenn ich doch der Mörder gewesen bin, dann wolle Gott, dass mein Leichnam nie verwese.« In diesem Kontext werden diverse Geschichten erzählt, die man glauben mag oder nicht, da keine belastbaren Belege vorliegen. So soll Wanderern, welche die Brücke des Mordgeschehens bei Nacht überschritten, plötzlich eine unheimliche Last auf dem Rücken gelegen haben, die erst mit zunehmendem Abstand vom Tatort geringer wurde. Ein anderer Bericht sagt, dass napoleonische Soldaten den Kadaver des toten Ritters an ein Kreuz nageln wollten, dieser aber einem von ihnen eine Ohrfeige versetzte, sodass der Getroffene auf der Stelle tot umfiel. Vermutlich sind dies alles fantastische Geschichten, die einen angenehmen Grusel verursachen. Eines ist allerdings in der Tat mysteriös: Die direkt neben dem Ritter in gleicher Weise zur etwa selben Zeit bestatteten Leichen sind längst zu Knochen verfallen.

Von den vielen Heiligen der katholischen Kirche ist Virginia Centurione eher unbekannt. Uns interessiert sie deswegen, weil sich ihr Leichnam über viele Jahrhunderte bemerkenswert unversehrt gehalten hat (▶ Abb. 3-6). Geboren wurde das aus einem Adelshaus stammende Mädchen 1587 in Genua, gegen ihren Willen schon mit 15 Jahren verheiratet und war in ihrer Ehe sehr unglücklich. Nach dem frühen Tod ihres Mannes lehnte sie eine erneute Heirat ab, widmete sich ganz karitativen Aufgaben und gründete eine heute noch existierende Schwesterngemeinschaft. Wie sie nach ihrem Tod 1651 bestattet wurde, warum und wann man sie exhumierte, konnte ich nicht herausfinden. Unbestritten ist, dass ihr Leichnam, der heute im Mutterhaus der Gemeinschaft in Genua zu sehen ist, extrem geringe Zeichen postmortaler Veränderung zeigt; anders als bei den unten besprochenen Heiligen wird ihr Körper auch nicht durch spezielle Methoden vor weiterem

Abb. 3-6   Eine praktisch unverweste Heilige: Virginia Centurione.

Verfall bewahrt noch wurden kosmetische Korrekturen vorgenommen. Unter Johannes Paul II. wurde sie erst selig-, einige Jahre später heiliggesprochen.

Bernadette Soubirous wurde 1844 unter armen und zudem sozial höchst problematischen Familienverhältnissen in Lourdes geboren, damals einer kleinen, eher ärmlichen Kleinstadt im Südwesten Frankreich – heute einem viel besuchten Ort mit zahlreichen Hotels, diversen der Kirche gehörigen Pilgerherbergen und Begegnungsstätten sowie unzähligen Buden, in denen man u. a. Flaschen in Muttergottes-Gestalt kaufen kann, um das wundertätige Wasser der berühmten Quelle mit nach Hause zu nehmen. Die von Kindheit an kränkliche Bernadette wurde eines Spätnachmittags des Jahres 1858 zusammen mit einer ihrer Schwestern und einem weiteren Mädchen zum Fluss Gave nahe der Grotte von Massabielle geschickt, um Brennholz am Ufer zu sammeln; dabei hatte das Mädchen die Erscheinung einer weißen, ungemein schönen Dame, die erst nachträglich als die Jungfrau Maria identifiziert wurde. Diese Erscheinung wiederholte sich mehrfach, wobei die Dame bald Bernadette aufforderte, nach einer bis dato unbekannten Quelle in der Grotte zu suchen; seit ihrer Freilegung ergießt diese bis heute Ströme von Wasser, das berühmte heilende Wasser von Lourdes, das den Ort zu einer der meistbesuchten Pilgerstätten (bzw. Orten der Hoffnung in Europa) machen sollte.[23] Diese zunehmend publik wer-

---

23 Auf dem etwa 1 km langen Rückweg von der Grotte zu unserem Hotel haben wir über 50 (meist jüngere) Personen im Rollstuhl gezählt, die sich durch Bad in diesem Wasser Heilung erhofften. Davon sind mehrere tatsächlich wissenschaftlich bezeugt, und zwar von einer Kommission, die sich keineswegs nur aus wunderglläubigen Klerikern, sondern auch aus diversen kritischen Fachärzten zusammensetzt. Natürlich werden die wenigsten

denden Erscheinungen wiederholten sich mehrfach; bei der letzten sollen über 7000 Personen zwar nicht notwendig Zeugnis über das Gesehene geliefert haben, zumindest aber am Ort des Geschehens gewesen sein.[24] Bernadette verließ wenig später Lourdes und trat in ein Kloster in Zentralfrankreich ein, wo sie schon mit 35 Jahren an Knochentuberkulose starb. Dreißig Jahre später, 1909, und noch einmal 1919 wurde ihr Leichnam exhumiert, wobei einzelne Strukturen des Körpers noch deutlich zu erkennen waren – dies, obwohl sie in einer Kapelle des Klosters (also zwar wohl nicht in der Erde, jedoch unterhalb des Fußbodenniveaus) beigesetzt wurde und 30 Jahre nach dem Tod eine vollständige Verwesung die absolute Regel ist. Diese Exhumierungen geschahen natürlich im Hinblick auf eine zu erwartende Heiligsprechung – die Unverweslichkeit der verstorbenen Person gilt als nicht beweisendes, jedoch starkes Argument für ihre Auserwähltheit. Unter Pius XI. wurde Bernadette Soubirous 1925 selig-, dann 1933 heiliggesprochen (s. Jehle 2007, S. 86). Ihre sterbli-

---

Querschnittsgelähmten Lourdes zu Fuß verlassen und manche scheinbaren Besserungen halten nicht lange an. Meine Frau, die seit ewigen Zeiten an der sehr häufigen Keratitis sicca, der trockenen Hornhautentzündung, leidet, fühlte sich durch Benetzung der Augen mit diesem Wasser schlagartig für immer von diesem Leiden erlöst; schon auf der anschließenden Rückfahrt nach San Sebastian im Zug, noch auf französischer Seite, holte sie wieder ihre bewährten Augentropfen aus der Handtasche.

24 Der Schriftsteller Franz Werfel (1890–1945), jüdischer Herkunft, aber durch seine Umgebung nicht unwesentlich katholisch geprägt, fand während seiner Emigration für einige Zeit in Lourdes Zuflucht. Dort gelobte er, im Falle seiner Rettung ein Buch über die mysteriösen Ereignisse an jenem Ort zu schreiben. Es erschien 1941 unter dem Titel »Das Lied von Bernadette« und war das am besten verkaufte Buch des heute leider allmählich in Vergessenheit geratenen Autors.

chen Überreste, in einem gläsernen Sarkophag in der Klosterkirche von Nevers zu besichtigen, entsprechen natürlich nicht dem Zustand bei Eintritt des Todes. Hier wurde kräftig mit Wachs nachmodelliert und die ausnehmende Schönheit des Gesichts unterscheidet sich erheblich von den wenigen Fotografien der armen Müllerstochter aus Lourdes.

Wie immer man über ihn denken mag – eine interessante Gestalt war er allemal, dieser Padre Pio. 1887 als achtes Kind der Bauernfamilie Forgione in Süditalien geboren und auf den Namen Francesco getauft, zeigte er schon früh eine auffallende Frömmigkeit und trat bald in das Kapuzinerkloster von San Giovanni Rotondo in Apulien ein, wo er schließlich (vorgezogen) die Priesterweihe erhielt. Sehr bald zeigte er Stigmata an den Handflächen – wobei nach wie vor kontrovers diskutiert wird, ob er nicht mit verätzenden Mitteln dabei etwas nachgeholfen hat. Schnell entwickelte sich ein Padre-Pio-Kult, den die Kirche keineswegs billigte, aber nie wirklich unterbinden konnte. Es ist nicht unwahrscheinlich, dass Benito Mussolini, der ähnlich wie Franco – anders als die Nazigrößen in Deutschland – durchaus die Kirche nicht als Feind ansah, hier protegierend wirkte. Der Pater wurde auch mehrfach untersucht, u. a. von dem Franziskanermönch Gemelli, einem ausgebildeten Nervenarzt, der zu einem reichlich negativen Urteil kam. Insbesondere unter dem Pontifikat von Johannes XXIII. (von 1958 bis 1963), schon weniger unter seinem Nachfolger Paul VI., versuchte man, diesem Heiligenkult entgegen zu wirken. Dies änderte sich grundsätzlich, als 1978 mit dem Erzbischof von Krakau, Karol Kardinal Wojtyła1, zum ersten Mal nach vielen Jahrhunderten ein Nicht-Italiener zum Papst gewählt wurde. Dieser hatte sich 1948, bald nach seiner Priesterweihe, von Padre Pio die Beichte abnehmen lassen, wobei ihm Letzterer prophezeit hatte, dass er die Kirche ins nächste Jahrtausend führen würde. Johannes Paul II. besuchte mehrfach das Grab Padre Pios, begann bald nach Antritt seines Pontifikats, die Seligsprechung einzuleiten, die 1999 erfolgte, 2002 in einer Art Schnellverfahren die Heiligsprechung. Der Kapuzinerpater war 1968 gestorben und – gegen seinen Willen – nicht erdbestattet worden. Als man 2010 seinen oberirdisch gelagerten Sarkophag öffnete, zeigten sich nur sehr geringe Zeichen der Verwesung; heute ist der Leichnam öffentlich aufgebahrt, wobei man auch hier mit Hilfsmitteln das Gesicht lebensähnlicher gestaltete.

3.8   Lenin im Schneewittchensarg

Von keiner Person – Karl Marx vielleicht ausgenommen – dürfte es annähernd so viele Büsten oder Statuen auf der Welt geben wie von Lenin. Das liegt nicht nur daran, dass es in der riesigen Sowjetunion kaum eine Ortschaft gab, wo man dem großen Revolutionär und Gründer des Staates nicht ein Denkmal setzte; das Gleiche war der Fall in den zahlreichen Satellitenstaaten wie beispielsweise Polen, Tschechien oder der DDR – und erfreulicherweise sind diese steinernen Dokumente nicht in nennenswertem Ausmaß dem Bildersturm späterer Eiferer zum Opfer gefallen. Das gilt auch für die mittlerweile aus der UdSSR ausgegliederten Staaten wie etwa Georgien (wo in Stalins Geburtsstadt Gori bis vor wenigen Jahren sogar noch eine Statue des Leninnachfolgers stand, welches historische Monument man törichterweise vor einigen Jahren abgerissen hat). Dabei hatte sich Lenin stets gegen diesen Personenkult gewehrt; dass das eindrucksvollste Erinnerungsmal, sein (dank intensiver »Wartungsarbeiten«) nicht zerfallender Körper, im Mausoleum auf dem Roten Platz eines der Highlights jedes Moskaubesuchs darstellt, wäre gewiss nicht in seinem Sinne.

Lenin wurde als Wladimir Iljitsch Uljanow 1880 in Simbirsk (bald in Uljanowsk umbenannt, eine bis jetzt nicht rückgängig gemachte Entscheidung[25]) am Mittellauf der Wolga geboren (der Name Lenin ist gewissermaßen ein »Künstlername«: dieser unterzeichnete erstmals im Jahre 1900 so einen Zeitungsartikel, nach dem Fluss Lena, der durch den Ort seiner ostsibirischen Verbannung fließt). Die Eltern gehörten dem eher gehobenen Bürgertum an: Der Vater war erst Mittelschullehrer, dann Schulinspektor und wurde in den Beamtenadel erhoben, seine Mutter war Tochter eines Arztes. Wladimir Iljitsch hatte den Ruf eines äußerst aufgeweckten, wissbegierigen Jungen, war später ein hervorragender Gymnasialschüler und absolvierte rasch sein Jurastudium. Auch zwei traumatische Ereignisse in rascher Folge warfen ihn in seinen Lernleistungen nicht zurück: 1866 – Wladimir war 16 Jahre alt – verstarb sein Vater unerwartet mit 55 Jahren, ein Jahr später wurde sein gerade zwanzigjähriger Bruder wegen Mitgliedschaft in einer Gruppe studentischer Terroristen, die ein Attentat gegen Zar Alexander III. geplant hatten, hingerichtet. Bankl (1999a, S. 100 ff., dem im Wesentlichen diese Abhandlung, wenigstens bis zum Tode Lenins, folgt), führt aus, dass die Hinrichtung des Bruders einen unauslöschlichen Eindruck

---

25 Stalingrad heißt heute Wolgograd, Jekaterinburg, später Swerdlowsk, trägt heute wieder den Namen Jekaterinburg, Sankt Petersburg, später kurzfristig in Petrograd umgetauft, bald nach dem Tode des ersten Präsidenten der UdSSR Leningrad genannt, bekam nach einer äußerst knapp ausgefallenen Volksabstimmung seinen alten Namen Sankt zurück.

hinterließ, ihn nicht »*nur auf die revolutionäre Bahn ge-
lenkt*«, sondern auch zu einem »*haßerfüllten Gegner des
Zarismus*« gemacht hat. Bankl (1999a, S. 101) zitiert ihn
so: »›*Mein Weg ist mir durch meinen älteren Bruder vor-
gezeichnet worden.*‹«

Wie tief dieser Hass war, zeigte sich, als Lenin – kaum
an der Macht – die Zarenfamilie ohne Gerichtsprozess
ausrotten ließ, nicht nur den Zaren selbst und die Zarin,
sondern auch die vier minderjährigen Töchter, zudem den
kindlichen, an der Bluterkrankheit laborierenden Zarewitsch, dazu den Leibarzt und drei unschuldige Hausange-
stellte (▸ Abschn. 3.6). Sicher hat Stalin ihn später an Brutalität noch gehörig übertroffen, aber auch Lenin besaß ein
gerüttelt Maß dieser Eigenschaft und schreckte nicht vor
Kollektivmorden zurück.

Schon in seinen ersten Berufsjahren trieb Lenin anti-
zaristische Propaganda, was ihm eine Haftstrafe und drei-
jährige Verbannung nach Sibirien einbrachte. Gleichwohl
konnte er danach, bald verheiratet mit einer ideologisch
gleich gesinnten Lehrerin, Nadeschda Krupskaja, seiner
Tätigkeit für die Sozialdemokratische Arbeiterpartei nach-
gehen, setzte dabei durch, dass die den späteren Kom-
munisten entsprechenden Bolschewiki (deren Führer er
wurde) sich von den eher gemäßigt sozialdemokratisch
orientierten Menschewiki trennten. 1907 entschloss er sich
als weiterhin angesehener Führer der Arbeiter- und Bauern-
partei zu einer langjährigen Emigration, erst nach Frankreich (wo er 1910 als verheirateter Mann ein Liebesver-
hältnis begann, das erst mit dem Tod seiner Geliebten, ein
Jahrzehnt später, endete), später lebte er in der Schweiz.

Seine große Stunde schlug im April 1917 – der Zar hatte im Rahmen der Februarrevolution abgedankt, die Zarenfamilie war unter Hausarrest gestellt worden, das Par-

lament (die Duma) versuchte, bis zu den für Oktober angesetzten Wahlen das Land in Konkurrenz zu den Arbeiter- und Bauernräten zu lenken (▸ Abschn. 3.6): Die deutsche Regierung gestattete aus kriegsstrategischen Gründen einer Gruppe von Exilrussen aus der Schweiz die Durchfahrt in einem Sonderzug, die schließlich über mehrere skandinavische Länder Sankt Petersburg erreichte. Dort wurde Lenin begeistert empfangen, putschte im Oktober desselben Jahres die Bolschewiken trotz verlorener Wahl an die Regierung, gegen heftigen Widerstand von verschiedensten Seiten. Es war dies der unzählige Leben kostende Russische Bürgerkrieg, welcher erst endgültig 1920 mit der Gründung der UdSSR endete, deren erster Präsident Lenin wurde.

Lange blieb er es nicht: Nach Bankl (1999a, S. 108 ff.), der sowohl die Krankengeschichte schildert als auch das Autopsieprotokoll wiedergibt, litt Wladimir Iljitsch spätestens seit 1907 an Symptomen des Bluthochdrucks, der dann nach der Machtübernahme zu einem sich rapide verschlechternden Gesundheitszustand führte. 1922 erlitt Lenin seine ersten beiden Schlaganfälle, 1923 seinen dritten; auch die aus ganz Europa herbeigerufenen medizinischen Koryphäen konnten nicht verhindern, dass der Präsident der UdSSR, keine 54 Jahre alt, an einem weiteren Hirnschlag zu Beginn des Jahres 1924 starb. Die Autopsie (bei der auch das Gehirn für spätere Untersuchungen entnommen wurde) ergab eine ausgeprägte Sklerose (Verengung und Verhärtung der Hirngefäße).

Nun begann das, was eigentlich der Gegenstand des Kapitels ist, nämlich das posthume Schicksal. Entgegen den Einwänden der Witwe, die Lenins zehnjähriges außereheliches Verhältnis ertragen und den Gelähmten in seinen letzten Lebensjahren voll Aufopferung gepflegt hatte, schreibt Bankl (1999a, S. 111), »ließ Stalin die Leiche einbalsamieren«, in einem »*schnell erbauten Mausoleum am Roten Platz*« aufbahren und zur Schau stellen.

Bankl (1999a, S. 114 ff.) präzisiert den angewandten Konservierungsprozess: »*Das dabei gebräuchliche Verfahren besteht darin, in die großen Körperschlagadern mehrere Liter einer Konservierungsflüssigkeit (meist Formol) einzuspritzen, welche sich auf dem Wege der Blutgefäße im ganzen Körper verteilt. Dieses Formol härtet das Gewebe und tötet die Bakterien ab, welche eine Verwesung auslösen könnten. Es handelt sich also um eine chemische Konservierung und eigentlich nicht um eine Balsamierung, d. h. eine Behandlung der Leiche mit balsamischen Stoffen.*« In einer Fußnote erläutert er: »*Formaldehyd [scl. Formol] führt zu einer Eiweißfällung. Die behandelten Gewebe werden trocken und hart, der Verwesungsprozeß wird gestoppt, die äußere Form bleibt erhalten.*« Die Wirksamkeit des Verfahrens setzt aber etwas Entscheidendes voraus: »*Eine regelmäßige Verteilung der Konservierungsflüssigkeit im Körper erreicht man nur dann, wenn die Blutgefäße noch ein geschlossenes System bilden. Ist es an einer oder mehreren Stellen leck geworden, dann rinnt bei der Injektion mehr und mehr der eingespritzten Flüssigkeit durch diese Lücken ab und vereitelt so den Erfolg.*« Genau diese Komplikation war aber hier gegeben, denn der Entschluss zur Konservierung wurde erst nach der Obduktion gefasst: »*Das Gefäßsystem war an unzähligen Stellen aufgeschnitten, sodaß es als Röhrensystem zur Verteilung der Konservierungsflüssigkeit nicht mehr in Frage kam.*«

Dieser Schwierigkeit war man sich damals bereits bewusst und versuchte, nachträglich noch möglichst viel zu retten. Bankl (1999a, S. 115) zitiert einen berühmten Pathologen, der sich 1929/30 zu einem Studienaufenthalt in

Moskau aufhielt und noch einen Hauptakteur der Konservierung sprechen konnte: »*Da erinnerte man sich, dass in Charkow ein Anatom lebte, der außerordentlich geschickt war, durch zahlreiche feinste Einstiche Organe und Leichenteile zu konservieren. Prof. Worobjoff und sein Assistent Shabadash wurden deshalb beauftragt, mit ihrer Methode zu versuchen, die sterbliche Hülle Lenins zu erhalten. Sie haben dann in wochenlanger Arbeit, mit feinsten Nadeln sozusagen Quadratzentimeter für Quadratzentimeter mit Konservierungsflüssigkeit injiziert, und ihn so konserviert. Shabadash, den ich selbst noch in Charkow sprach, hatte dauernde Freifahrt auf der Strecke Charkow-Moskau und musste jeden Monat kontrollieren, ob sich nicht irgendwo an der Leiche trotz aller aufgewendeten Mühe Zeichen der Verwesung und des Zerfalls eingestellt hatten, um in diesem Falle sofort eingreifen zu können.*«

Damit war es natürlich nicht getan. Als Lenins Leichnam im Jahre 1942 kriegsbedingt in das weiter östlich gelegene Tjumen evakuiert wurde, stellte man ausgedehnte Verwesungsprozesse fest, die man zu »reparieren« versuchte. Inzwischen – seit Lenins Rückkehr nach Kriegsende – werden mehrmals pro Woche die Überreste kontrolliert und alle zwei Jahre wird das Mausoleum für einige Monate geschlossen, um umfangreichere Konservierungsarbeiten durchzuführen. Der Leichnam, der in einem luftdichten Panzerglassarkophag bei konstanter Temperatur von sieben Grad Celsius liegt, war erst in Uniform gekleidet, die später gegen einen Zivilanzug ausgetauscht wurde – es ist anzunehmen, dass dieser seitdem bereits mehrfach gewechselt wurde. Was er genau bedeckt, wissen nur Eingeweihte. Die Besucher sehen lediglich den gelblichen Kopf und die Hände (▸ Abb. 3-7).

Abb. 3-7 Hier ruht der große Lenin in seinem Schneewittchensarg.
(Fotonachweis: Foto von Thomas Glau [Benutzer: Tekki] – Eigenes
Werk. Originaltext: Eigenes Foto, CC BY-SA 3.0, https://commons.
wikimedia.org/w/index.php?curid=58483371)

Das Mausoleum für die Abschiedsfeierlichkeiten war ein
rasch gezimmertes hölzernes Gebäude, welches noch im
Todesjahr durch einen größeren Holzbau ersetzt wurde,
der in Form und Größe dem heutigen (1930 errichteten)
Steingebäude entsprach. Nach Stalins Tod im Jahre 1953
wurden auch dessen konservierte Überreste dort zur Schau
gestellt; im Rahmen der »Entstalinisierung« ließ Chruschtschow den Leichnam aber aus dem Mausoleum entfernen
und an der Kremlmauer begraben.

Mit Unterstützung Boris Jelzins versuchte die orthodoxe
Kirche, auch ein Begräbnis Lenins durchzusetzen, nicht zuletzt, um dem anhaltenden Kult um seine Person ein Ende
zu setzen. Gelungen ist es ihr erfreulicherweise bis heute
nicht – es wäre die Vernichtung eines Kulturdenkmals.

Literatur

Alterauge, A. (2018). Kirchenmumien – Unversehrt bis zum Jüngsten Gericht. Spektrum der Wissenschaft 3: 82–85.

Améry, J. (2019). Hand an sich legen – Diskurs über den Freitod. 17. Aufl. Stuttgart: Klett-Cotta.

Bahn, P. G. (Hrsg) (2002). Das tragische Ende der Romanows. In: Gräber, Mumien und Gelehrte – Auf Spurensuche mit Archäologen. München: Orbis; 56–59.

Bankl, H. (1999a). Woran sie wirklich starben. Krankheiten und Tod historischer Persönlichkeiten. 4. Aufl. Wien, München, Bern: Maudrich.

Bankl, H. (1999b). Viele Wege führten in die Ewigkeit. Schicksal und Ende außergewöhnlicher Menschen. Wien, München, Bern: Maudrich.

Bankl, H. (2020). Die kranken Habsburger – Befunde und Befindlichkeiten einer Herrscherdynastie. Unveränderter Nachdruck von 1998. Wien: Kremayr & Scheriau.

Berg, D. (2019). Oliver Cromwell – England und Europa im 17. Jahrhundert. Stuttgart: Kohlhammer.

Fiedler, S. & Graw, M. (2018). Friedhöfe – Staub zu Staub? Spektrum der Wissenschaft 3: 86–89.

Hamann, B. (1995). Rudolf – Kronprinz und Rebell. 5. Aufl. München: Piper.

Heresch, E. (1995). Rasputin – Das Geheimnis seiner Macht. München: Langen Müller.

Heresch, E. (2017). Zarenmord – Kriminalfall Jekaterinburg 1918 und die verschwundenen Juwelen der Romanows. 2. Aufl. München: Herbig.

Jehle, I. (2007). Bernadette und das Wunder von Lourdes. Freiburg: Herder.

Kehnel, A. & Kümper, H. (2018). Päpste – Die toten Stellvertreter Christi. Spektrum der Wissenschaft 3: 70–74.

Köhler, T. (2013). Kirchen in Rom. Münster: LIT Verlag.

Köhler, T. (2014). Das Werk Sigmund Freuds – Entstehung, Inhalt, Rezeption. 2. Aufl. Lengerich: Pabst.

Köhler, T. (2017). Ruhm und Wahnsinn – Psychische Störungen bekannter Persönlichkeiten. Stuttgart: Schattauer.

Köhler, T. (2019). Die Zeiten verfliegen wie im Rausch – Eine kurzweilige Geschichte von Alkohol, Drogen und ihren Konsumenten. Stuttgart: Schattauer.

Lenze, U. & Steinhauser, N. (1996). Rasputin. Heiliger Dämon am Zarenhof. In: Huf, H. C. (Hrsg). Sphinx 2: Geheimnisse der Geschichte. Von Marco Polo bis Rasputin. Bergisch Gladbach: Gustav Lübbe; 237–279.

Lewis, B. R. (2009). Skandale und Tragödien der Königshäuser – Europäische Monarchien vom Mittelalter bis heute. Augsburg: Weltbild.

Mann, K. (1983 [1974]). Meine ungeschriebenen Memoiren. Hrsg. von Plessen, E. & Mann, M. Frankfurt am Main: Fischer Taschenbuch Verlag.

Mann, T. (1976 [1947]). Doktor Faustus – Das Leben des deutschen Tonsetzers Adrian Leverkühn, erzählt von einem Freunde. Frankfurt am Main: Fischer Taschenbuch Verlag.

McGuigan, D. G. (1991). Familie Habsburg. Bergisch Gladbach: Bastei Lübbe.

Möller, H. (2005). Die Frauen der Familie Mann. München: Piper.

Oppermann, H. (2011). Caesar. 20. Aufl. Reinbek bei Hamburg: Rowohlt Taschenbuch Verlag.

Pauli, H. (1966). Das Geheimnis von Sarajewo. Bergisch Gladbach: Bastei Lübbe.

Rademacher, C. (2018). Das Duell. Geo Epoche 13: 124–142.

Schmitz, R. (2006). Was geschah mit Schillers Schädel? Alles, was Sie über Literatur nicht wissen. Frankfurt am Main: Eichborn.

Schweiggert, A. (2011). Ludwig II. – Ein König zwischen Gerücht und Wahrheit. München: Volk.

Schweiggert, A. & Adami, E. (2014). Ludwig II. Die letzten Tage des Königs von Bayern. Stuttgart: München Verlag (Chr. Belser Gesellschaft für Verlagsgeschäfte).

Smiley, T. & Ritz, D. (2016). Before you judge me. The triumph and tragedy of Michael Jackson's last days. New York: Brown, Little & Co.

Vandenberg, P. (1974). Der Fluch der Pharaonen. 3. Aufl. Bern, München: Scherz.

van Vilsteren, V. (2018). Germanien – Tod im Moor. Spektrum der Wissenschaft 3: 46–49.

Wagner-Loos, L. (2003). Der Untergang der Romanows und der Schatz der Zaren. In: Huf, H. C. (Hrsg). Sphinx 5: Geheimnisse der Geschichte. Vom Heiligen Gral zum Schatz der Zaren. München: Wilhelm Heyne; 240–283.

Weissensteiner, F. (1994). Franz Ferdinand – Der verhinderte Herrscher. München: Piper.

Wöbking, W. (2011). Der Tod Ludwigs II. Eine Dokumentation. Rosenheim: Rosenheimer Verlagshaus (Nachdruck ohne Jahresangabe).

Yallop, D. A. (1984). Im Namen Gottes? Der mysteriöse Tod des 33-Tage-Papstes Johannes Paul I. München: Droemer-Knaur.

Zink, A. (2016). Ötzi. 100 Seiten. Stuttgart: Reclam.

Zöller-Engelhardt, M. (2018). Totenkult – Wiederauferstehen wie Osiris. Spektrum der Wissenschaft 3: 22–29.

Personen- und Sachverzeichnis

Herausgegeben von Wulf Bertram

Peter Schneider

Normal, gestört, verrückt

Über die Besonderheiten
psychiatrischer Diagnosen

Psychiatrische Diagnosen werden ausschließlich anhand klinischer Befunde erhoben, zum größten Teil aufgrund dessen, was die Patienten selbst von sich und ihrem Leiden erzählen. Alle Ankündigungen, ein psychiatrisches Diagnosesystem auf „objektive" Daten gründen zu können, haben sich als leere Versprechungen erwiesen. So bleibt es dabei, dass die Diagnosen psychischer Störungen einzig durch das Vorliegen einer Reihe von Symptomen definiert sind.

2020. 196 Seiten, Klappenbroschur
€ 20,– (D). ISBN 978-3-608-40031-1

Peter Teuschel

Neulich in der Sprechstunde

Skandalöses und Merkwürdiges aus der
psychiatrischen Praxis

Es läuft nicht immer alles rund, nein, meistens läuft es sogar ziemlich schräg. Peter Teuschel, hat einen scharfen Blick für alles, was seine PatientInnen und die Gesellschaft heutzutage bis zur Verbiegung bewegt. Sie wollen es geradlinig? Dann greifen Sie nicht zu diesem Buch! Denn alles Angepasste hat keinen Platz darin oder wird auf die Schippe genommen. Teuschel blickt genau hin und gibt Anregungen zur Menschlichkeit.

2020. 267 Seiten, Klappenbroschur
€ 20,– (D). ISBN 978-3-608-40052-6

Schattauer

Herausgegeben von Wulf Bertram

Manfred Spitzer, Wulf Bertram

Hirngespinste

Die besten Geschichten über unser
wichtigstes Organ

Wer sein Gehirn nutzen möchte, um dessen
Leistungen, Funktionen und Kapriolen auf anre-
gende Weise besser zu verstehen, ist mit diesem
Buch auf der richtigen Seite. Diese „Hirngespins-
te" der Autorinnen und Autoren lassen ein buntes
Geflecht von wissenschaftlichen Erkenntnissen,
originellen Ansichten und kritischen Reflexionen
über unser wichtigstes Organ entstehen.

2020. 383 Seiten, Klappenbroschur
€ 25,– (D). ISBN 978-3-608-40042-7

Andreas Marneros

Die List

Mythen und Psychologie

Seit Beginn der Kulturgeschichte des Abendlan-
des gibt es Erzählungen über die List, und seitdem prägt sie den Lauf der Menschheitsgeschich-
te mit. Aber warum fesseln uns diese Erzählungen
so sehr und warum erzählen sich die Menschen
seit jeher Geschichten über die List? Was steckt
hinter dem Faszinosum List und den zahlreichen
Mythen, die sich um sie ranken? Und was ver
rät sie über denjenigen, der von ihr Gebrauch
macht?

2020. 366 Seiten, Klappenbroschur
€ 25,– (D). ISBN 978-3-608-40034-2

Schattauer